QUE NO LE  ⟩OS

6. EN MI TIEMPO LIBRE
PREFIERO IR DE TIENDAS Y
QUEDAR CON AMIGOS.

7. LAS REDES SOCIALES
SON LA LECHE.

8. ME PIERDO ENTRE TANTÍSIMA
OFERTA EDITORIAL.

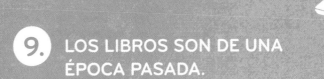

9. LOS LIBROS SON DE UNA
ÉPOCA PASADA.

10. LEER LIBROS ES
DEMASIADO CANSADO.

LEER ES
RESPIRAR

Para Irena, con agradecimiento
por todos los caminos de distinta índole
que hemos recorrido juntos.

♥

SOBRE LA LECTURA
Y LOS LIBROS

«A los libros se llega como a las islas mágicas de los cuentos, no porque alguien nos lleve de la mano, sino simplemente porque nos salen al paso. Eso es leer, llegar inesperadamente a un lugar nuevo. Un lugar que, como una isla perdida, no sabíamos que pudiera existir, y en el que tampoco podemos prever lo que nos aguarda.»

Gustavo Martín Garzo

«Gracias a la imaginación, hemos inventado el mito de Ícaro y los aviones, el *Nautilus* y los submarinos, los viajes estelares de Luciano y el *Apolo XI*. (...) Narramos, escribimos y leemos porque hemos fabricado la fabulosa herramienta del lenguaje humano. Por medio de las palabras, podemos compartir mundos interiores e ideas quiméricas.»

Irene Vallejo

«De los diversos instrumentos inventados por el hombre, el más asombroso es el libro; todos los demás son extensiones de su cuerpo... Sólo el libro es una extensión de la imaginación y la memoria.»

Jorge Luis Borges

«El tiempo para leer, al igual que el tiempo para amar, dilata el tiempo de vivir.»

Daniel Pennac

«No hay por qué temer que la libertad que confiere el desarrollo como lector sea egoísta, porque, si uno llega a ser un lector como es debido, la respuesta a su labor lo confirmará como iluminación de los demás.»

Harold Bloom

«Necesitamos una democracia de lectores, necesitamos mayorías ilustradas, necesitamos recuperar la sabiduría de vivir, el sentido de la historia, la comprensión de nosotros mismos y de nuestros sentimientos, cosas que solo los libros nos proporcionan. Las imágenes son emocionantes, conmovedoras, pero mudas. Sólo las palabras, el discurso, permiten captar su sentido, serenar la pasión mediante la idea, encontrar un acuerdo que no sea una rendición, iluminar el mundo y su memoria. La lectura es la vanguardia de la libertad.»

José Antonio Marina

ÍNDICE

EL MUNDO PATAS ARRIBA Y LOS LIBROS EN EL GARAJE

Toda mi vida he estado rodeado de libros. Mis padres fueron lectores empedernidos, mi madre escribe libros y los traduce. También mi pareja es lectora, autora de libros y editora, todas las mujeres a las que he amado leen y escriben libros, y, no por último, los lee y escribe también mi hija. Los libros no solo han marcado mi trayectoria profesional, han sido también lo más estable en mi vida: han permanecido a mi lado durante todos los cambios de profesiones, divorcios y traslados. Lo admito: tengo una relación subjetiva para con ellos, dado que simplemente los amo. Lo mismo que puede aplicarse a cualquier amor también es válido para mi inclinación hacia los libros: es ciega. Al igual que muchos lectores y lectoras, tampoco yo solía preguntarme por qué me gustaba leer y de qué manera esto influía en mí y en los seres que me rodeaban.

Pero un día de primavera por fin tuve que admitir que la manera en la que los seres humanos leemos, escuchamos, miramos, comunicamos y utilizamos los medios en general ha cambiado definitivamente.

Estaba tomando un café con mi hija en el casco antiguo de Liubliana –en los buenos tiempos precoronavirus– y ella, mientras estaba hablando conmigo, mandó un mensaje. Para hacerlo no tuvo que cortar nuestra conversación, sino que sostenía su móvil en la mano que guardaba bajo de la mesa, escribiendo el mensaje sin tener que ver mucho la pantalla. El hecho de divagar un poco durante la charla es prácticamente una característica familiar; a los miembros mayores de la familia nos ocurre también sin la ayuda de la tecnología. Lo que realmente era nuevo era la capacidad de mi hija de escribir sin tener que mirar el dispositivo. Sus dedos bailaban por la pantalla como si ellos mismos supieran dónde se encontraba cada letra, como si el móvil formara parte de su cuerpo, como si fuera una especie de prótesis comunicativa con la que podía comunicarse por escrito con la misma facilidad con la que yo me limpio la nariz después de estornudar.

Aunque yo mismo también soy usuario regular de los medios de pantalla, no he sido capaz de desarrollar esta destreza, probablemente también porque mi socialización mediática fue distinta. Cuando, en el lejano 1984, terminaba mis estudios en la Facultad de Filosofía y Letras, mi tesina fue escrita a máquina, lo que, comparado con escribir a ordenador, era un gran trabajo físico. Luego hice el servicio militar en Voivodina, desde donde mantenía el contacto con mi casa de una manera parecida a la de decenas de generaciones anteriores: mandaba cartas escritas a pluma a mis seres queridos y los miércoles por la tarde (cuando tenía permiso para salir del cuartel) hacía cola en la oficina de correos en la ciudad de Pančevo para poder llamar por nuestro viejo amigo, el teléfono por cable, a mi casa. El mal sabor de la música pseudofolclórica proveniente de decenas de casetes y del altavoz del cuartel era atenuado al escuchar la música de los grupos punk Pankrti y Dead Kennedys en mi pequeño radiocasete, y de vez en cuando lograba escaparme también al cine local, donde ocasionalmente ponían películas sorprendentemente buenas. Leía los periódicos y revistas serbias con regularidad, de ahí que todavía hoy

El teléfono clásico es uno de los numerosos antecesores del teléfono inteligente.

domine el alfabeto cirílico. Está claro que también leía libros, dado que en los tiempos sin Internet, teléfonos inteligentes ni Netflix esta era la forma más asequible de pasar el tiempo libre. Me los mandaban desde mi casa regularmente, de vez en cuando también pasaba por la librería local o algún que otro sábado me dirigía a escondidas hasta Belgrado. Ya antes de mi partida al servicio militar había llegado a conocer bien la edición de libros en serbio y croata, puesto que de vez en cuando realizaba excursiones a teatros/librerías/conciertos/fiestas a Belgrado y Zagreb con mis amigos. Allí podían conseguirse libros distintos a los de Liubliana y las librerías solían ser más grandes y más bellas que en Eslovenia. Para viajes parecidos a Londres, París o Berlín uno raramente podía reunir suficiente dinero en aquel entonces, pues para los yugoslavos hasta los viajes más ascéticos al occidente europeo valían más que el oro. Pero, cuando lograba ir, siempre volvía con la mochila llena de libros.

Hoy Yugoslavia, bajo cuyo patrocinio me arrastraba por el suelo de las llanuras de Voivodina, ya no existe desde hace tiempo. Oficinas de correos, máquina de escribir, radiocasete, cámara de fotos, televisión, cine, librerías, bibliotecas, periódicos, dispositivos de navegación y acceso a todas las librerías del mundo y otras tiendas se han fundido en un solo dispositivo que está a salvo dentro de mi bolsillo y, debido a su universalidad y funcionalidad casi mágica, no me asombro en absoluto de que las nuevas generaciones vivan prácticamente unidas de manera física a los teléfonos inteligentes.

En el teléfono inteligente se han fundido prácticamente todos los dispositivos de comunicación del siglo XX.

En los tiempos precoronavirus tenía la suficiente suerte en la vida como para poder salir a fisgonear ocasionalmente por las librerías físicas de Oxford, Londres, Ámsterdam, Fráncfort y Washington, debido al hecho de que el precio de los billetes de avión se redujo radicalmente. Zagreb y Belgrado —cosa que a veces lamento— han sido desplazados a otros horizontes más lejanos. El hecho de que el número de personas con movilidad a nivel global haya aumentado y que a la vez todos los dispositivos informáticos, las instituciones culturales, las tiendas, los medios y las organizaciones de comunicación se hayan fundido en un solo dispositivo de un tamaño menor a un libro de bolsillo, es, en mi opinión, uno de los cambios más revolucionarios de la historia. Las revoluciones tecnológica y de la movilidad han cambiado tan radicalmente nuestras vidas cotidianas que aquel Miha que en 1985 se fue a hacer el servicio militar en Yugoslavia estaría bien perdido si, mediante una máquina del tiempo, fuera transportado a la Eslovenia del 2020. A causa de su universalidad, los teléfonos inteligentes están unidos a nosotros de una manera mucho más íntima que cualquier otro dispositivo mediático que haya existido; por ello, no hemos pasado nunca con ninguno tanto tiempo ni tampoco hemos hecho tantas cosas con él —y esto, tal y como veremos en los capítulos siguientes, influye en nuestras emociones y pensamientos—.

Porque este desarrollo también tiene su lado oscuro. La avalancha de noticias falsas y supersticiones modernas, así como también el hecho de que algunas fuerzas mundiales estén gobernadas por unos paletos excéntricos que llegaron a echar a la vieja y refinada élite política con la ayuda de redes sociales, también estas son cosas de las que aquel Miha de 1985 no tenía ni idea, por lo que se quedaría mirando a Donald Trump o Boris Johnson con la misma incredulidad que al teléfono inteligente. Se sentiría raro también en la Universidad en la que se formó. Si antaño la mayoría de la bibliografía de estudio tenía la forma de libro y se esperaba que los estudiantes leyesen los libros enteros, hoy en día esta está compuesta de artículos y capítulos de libros, la exigencia de leer libros enteros se ha convertido en una rara y asustada avis. En el siglo pasado tampoco era raro que algún profesor prescribiera varios miles de páginas de bibliografía de estudio; hoy en día esta exigencia probablemente provocaría una revuelta estudiantil y los estudiantes alegarían que tal extensión de lectura sobrepasa el número de créditos de cualquier tipo de asignatura por créditos. Los entrenamientos obligados de persistencia lectora en los que antaño participábamos los y las estudiantes de la Facultad de Filosofía y Letras de Liubliana ya han pasado a la historia, igual que, gracias al acceso generalizado a películas y series en los teléfonos inteligentes, para una parte de la gente los libros han dejado de ser —o tal vez, en realidad, nunca llegaron a convertirse en ello— uno de los principales medios para pasar el tiempo libre.

De ahí que no sorprenda que el número de gente que se pregunta qué sentido tiene la lectura de libros esté aumentando. Pero eso no ocurre tan solo en Eslovenia: con las mismas dudas nos topamos también en los simposios en el extranjero y, ni que decir tiene, lo hablamos también entre los colegas de las facultades eslovenas y extranjeras.

Las dudas sobre la lectura de libros suelen concentrarse en una pregunta clara que no deja lugar a dudas: ¿por qué leer libros impresos en la era digital cuando el conocimiento está asequible en la red de una forma más simple y también entretenida? ¿Acaso ganamos algo con ello? ¿Qué brinda la lectura de libros en comparación con la lectura en pantalla?

En este librito ofrezco diez respuestas a estas preguntas. De paso, debo advertir que no soy ningún tecnófobo; todo lo contrario, los medios de pantalla me gustan tanto como los libros. Lo que vengo a decir en las páginas siguientes es que la lectura de libros en la era de las pantallas ha adquirido nuevas funciones y ventajas, de las que hace cincuenta años carecía —y estas ventajas son tales que sería una pena perderlas—.

Sin embargo, esto no significa que la pregunta sobre el sentido de la lectura de libros no sea legítima. Sí, lo es, y en el siguiente capítulo demostraremos por qué.

¿QUÉ SENTIDO TIENE
LA LECTURA DE LIBROS?

Hace cincuenta años esta pregunta sería ridícula, ya que, a pesar de la radio, la televisión y el cine, el libro impreso era uno de los instrumentos básicos para contar historias y, con ello, una fuente de entretenimiento, y, a su vez, el instrumento principal para la conservación y la transmisión del conocimiento.

> Hasta finales del siglo XX estaba considerado que un pueblo sin cultura del libro tampoco tenía sus propias cultura popular ni alta cultura —y los eslovenos somos un caso ejemplar de ello, ya que hasta la independencia conseguimos sobrevivir como comunidad nacional también gracias a una desarrollada cultura de medios impresos—.

Sin embargo, las pantallas empezaron a irrumpir en nuestras vidas ya antes de la invención de los teléfonos inteligentes. Durante mi infancia, por ejemplo, en la televisión en blanco y negro podíamos ver tan solo dos canales y medio (el austríaco podíamos verlo solo cuando estaba nublado y los rayos rebotaban en las nubes sobre la cordillera de Karavanke). La mayoría de programas eran muy aburridos y la manera de verlos muy poco práctica en comparación

a la lectura de libros. Por ello, de niño no me gustaban las series de televisión, ya que cada parte terminaba justo en el momento más tenso y luego hasta la semana siguiente se me olvidaba la mitad del contenido y, por si fuera poco, a causa de diferentes obligaciones, me perdía algunos capítulos. Desde este punto de vista, los libros eran mucho más amables, ya que uno podía leerlos cuando quería y donde le entraban ganas y podía hacerlo durante el tiempo que disponía uno mismo.

Los contenidos de pantalla están suplantando a los libros.

Hoy en día, en la era de los medios digitales, puedo ver las series cuando quiero y por el tiempo que me conviene, ya que tengo a mi disposición todos los episodios, y la imagen, al igual que con la lectura de libros, se puede congelar cuando me harto o bien puedo continuar viéndolo hasta la aparición de los primeros rayos del sol. Además, en la aplicación de Netflix y en la biblioteca de HBO hay centenares de series a mi disposición que puedo ver no solo en el televisor o en la pantalla, sino también en mi teléfono inteligente, que se asienta en mi mano todavía mejor que el libro. De ahí que, también en nuestra casa —sobre todo después de días muy fatigosos—, las series de televisión se estén convirtiendo en competencia de la lectura. Es más, dado que en las bibliotecas de la televisión existen cada vez más películas documentales, viéndolas ocasionalmente sustituimos también la lectura de libros y revistas políticos, culturales y de divulgación de la ciencia. Pero también estos mismos, al igual que las series de televisión, han llegado a ser más asequibles que nunca en su formato digital. Por si fuera poco, puedo comentar todo lo que veo y leo y compartir mis reflexiones con otros lectores o espectadores y, en el ámbito profesional, directamente con los autores.

En otras palabras,

> en la intersección de mis dedos y la pantalla hay un montón de contenidos de lectura, juego y audición que, todos juntos, van comiendo el tiempo que en el pasado estaba destinado a la lectura de libros, periódicos y revistas impresos.

En ello, la gran parte de estos contenidos de pantalla se originó bajo el auspicio de unas u otras corporaciones mediáticas; no obstante, están traducidos, subtitulados y hasta creados en esloveno. Y esto es así porque el esloveno es una de las lenguas oficiales de la Unión Europea. Desde esta posición privilegiada, también nuestra lengua saluda, alegre, a los multinacionales mediáticas que con sus productos y servicios están entrando al unificado mercado europeo; desde allí se introdujo también en las aplicaciones de traducción, ya que estas, al inicio de su desarrollo, utilizaban el amplio repertorio de todo tipo de documentos creados en las lenguas oficiales de la Unión Europea. De modo que el esloveno jamás ha estado en una posición tan buena como ahora: es cierto que en la antigua Yugoslavia era una de las lenguas oficiales, pero dentro de una comunidad mucho más pequeña, por lo cual estaba mucho menos presente en el ámbito internacional.

Parece, en fin, que las razones del despertar de una nación, por las que nuestros antepasados consideraban con una atención especial los libros impresos en esloveno, ya no existen. El esloveno, al menos en este momento, está más protegido dentro de Europa que los osos de los bosques de Kočevje y los libros impresos ya desde hace tiempo no son el único medio, y ni mucho menos el principal, de la ciencia, la cultura, la formación y el entretenimiento. Se han convertido en una isla solitaria en el mar de los contenidos de pantalla.

> ¿Acaso pierdo algo en este entorno de pantalla si dejo de leer libros impresos? ¿Y qué gano con no renunciar a ellos? Si es cierto que los libros se han convertido en una pequeña isla mediática, ¿de dónde viene la idea de que sean cruciales para la supervivencia del esloveno?

Este librito trae diez respuestas a estas preguntas y, con ellas, diez razones por las cuales, también en la era de la pantalla, tiene sentido leer libros, independientemente de cómo vivamos nuestra identidad nacional. Dentro de estas diez razones esbozaré dos por las cuales conviene mantener el esloveno como lengua principal de la cultura de la pequeña comunidad eslovena y, además, una razón por la cual merece la pena ser lector en dos o más lenguas. Entre todo esto intercalaré dos interludios sobre la historia de la lectura y las tecnologías mediáticas que despejarán adicionalmente los dilemas al respecto del sentido de la lectura de libros.

Para los que tienen la costumbre de hacer una lectura global de los libros los énfasis cruciales se reúnen dentro de la sección **¿Sabía que…?**, que cierra cada capítulo.

La lectura es un placer, sobre todo si creamos un entorno agradable para practicarla.

¿Sabía que...?

En Eslovenia en los siglos XIX y XX creíamos que la palabra escrita era la base de nuestra identidad nacional. Dado que en los medios de pantalla están disponibles más contenidos que en los libros impresos, la fe en el poder de los libros ha empezado a disminuir y, junto a ello, han cambiado los hábitos de lectura. Dentro de este ambiente mediático, las preguntas de por qué leer libros y por qué vincularlos a la identidad nacional se han convertido en preguntas legítimas. En este librito ofrezco diez respuestas a estas preguntas.

1.

SI SABES LEER BIEN, VES Y OYES MÁS COSAS

Comparto mi casa, además de con otros familiares humanos, con una gata que se llama Rezka (ver la foto de la izquierda). En el tiempo que lleva con nosotros ha desarrollado varias destrezas: sabe muy bien cómo tiene que maullar y lisonjear para obtener comida. Parece que esto se le da tan bien que su forma recuerda a un pequeño tonel. Entiende también las llamadas nocturnas, cuando —en las noches frías— la invitamos a pasar la noche en casa, y sabe llamar a la ventana cuando se harta de la vida al raso. Aunque entiende tan solo tres palabras humanas (Rezka, la comidita y ¡¡¡no!!!) y maúlla en tonos y matices distintos que probablemente formen parte de un lenguaje felino, las voces que emite no tienen ni la anchura ni la profundidad del lenguaje humano, ni mucho menos sabe leer y escribir. Por lo tanto, los gatos no saben conservar, acumular ni transmitir a las siguientes generaciones su conocimiento sobre cómo domesticar a la gente con la que viven. Cada gato tiene que desarrollar por sí mismo las destrezas de domesticación y adaptación, desde cero, de ahí que en el mundo de los gatos no haya historia y el desarrollo sea infinitamente lento.

Los humanos todo lo contrario, no empezamos desde cero, ya que, gracias a multitud de medios e instituciones de formación, prácticamente ya desde nuestro nacimiento tenemos a nuestra disposición todo el saber de este mundo. Podemos acceder a este conocimiento porque nuestros antepasados hace miles de años aprendieron a escribir y, luego, con el paso del tiempo, desarrollaron sofisticadas maneras de conservación, transmisión y acumulación del conocimiento. Un esloveno común y corriente no es más inteligente que un romano o griego común y corriente de la Antigüedad por tener el cerebro más grande, sino porque vive en una sociedad basada en el conocimiento que ha ido acumulándose y aumentando durante otros dos mil años comparados con la Antigüedad.

La lectura y la escritura con la que transmitimos el uno al otro el conocimiento y la información son, por lo tanto, importantes fundamentos de la civilización humana. Nuestras vidas están tan impregnadas de ellas que para la gran mayoría de la gente representan algo tan cotidiano como la preparación de un café o montar en bici. Sin embargo, lo más cotidiano suele ser lo más difícil de explicar: la mayoría de nosotros sabe prepararse un café o montar en bici, pero si hubiera que ponerse a explicar los procesos biológicos, sociológicos, culturales, económicos, químicos o físicos que llevan a que el autor de estas líneas pueda preparase cada mañana, a partir de un polvo negro, agua y azúcar, una taza de la bebida que desde el escritor Ivan Cankar tiene un significado muy traumático en la historia literaria eslovena, las cosas se ponen más difíciles.

Pasa algo parecido a como con montar en bici: hace tiempo en las universidades norteamericanas, en los departamentos de psicología, llevaban a cabo un entretenido experimento en el que daban a los estudiantes un bosquejo en el que se encontraban los contornos del armazón de una bici, su manillar, el asiento y dos ruedas, diciéndoles que dibujasen lo que faltaba para obtener una bici. La mayoría de los y las estudiantes no era capaz de hacerlo. Si no lo creen, pueden probar ustedes mismos, también yo fallé al intentar hacerlo. Y era mucho peor cuando preguntaban a los estudiantes por las leyes físicas que intervenían en el momento de montar en ella.

En fin, sobre las cosas que se sobreentienden y que hacemos todos los días sabemos poco, y algo parecido pasa con la lectura. Todos sabemos que la primera condición para que uno pueda leer es aprender el alfabeto y esto a primera vista no debería representar ninguna dificultad, ya que el alfabeto esloveno tiene solo 25 letras. Pero, lamentablemente, esto no es suficiente:

> lo fundamental es unir las letras con los fonemas,

lo que ya no es tan fácil. Cuando hablamos, con frecuencia pronunciamos dos o tres palabras en una sola respiración; además, las pronunciamos de manera diferente en distintos dialectos. Al aprender a leer, entonces, debemos aprender también a oír y distinguir en el habla no solo las palabras, sino también los sonidos, y, sobre todo, a saber relacionar los sonidos de las palabras —a pesar de que en diferentes dialectos y lenguas suenen distinto— con la letra adecuada. La letra o de palabra kovač (herrero) en diferentes partes de Eslovenia, a saber: Carintia, Litoral y Prekmurje, se pronuncia de una manera distinta; no obstante, en todas partes se escribe de la misma manera, tal y como lo prescriben las normas del esloveno escrito —y dado que casi todos los eslovenos han pasado la instrucción en la alfabetización durante la educación primaria, no hay prácticamente nadie que no sepa cómo hacerlo—.

Que esto no se aprende con mucha facilidad puede uno verlo al observar a los niños al inicio de la escuela primaria o a los adultos poco alfabetizados deletreando, mientras que la gente alfabetizada

Con una lectura regular fortalecemos nuestra capacidad de comprensión y de pensamiento.

revive esta sensación al aprender lenguas extranjeras. Un esloveno o eslovena sin alfabetizar en inglés probablemente no sea capaz de oír la letra o en las palabras Idaho y mother, dado que en esta lengua esta letra se une a otros sonidos de manera distinta a como sucede en esloveno.

Esto es importante porque

:   una baja competencia lectora influye en la comprensión
:   del texto. De la misma manera que se corta la red
:   eléctrica cuando la utilizan demasiados usuarios,
:   una persona que lee con dificultad no es capaz de
:   comprender el significado de lo leído, dado que sus
:   capacidades mentales están sobrecargadas deletreando.

¿Por qué ocurre esto? Aquí debemos permitirnos un breve y algo simplificado desvío a la psicología.

LA AUTOMATIZACIÓN
ES LA MADRE DE LA CIENCIA

El proceso mental está compuesto de la memoria sensorial y la memoria a corto y a largo plazo (la palabra memoria no es la más adecuada, pero la seguimos utilizando porque fue acuñada por la psicología). Cada una de ellas tiene su papel en el procesamiento de la información y también en la lectura. Mediante los órganos sensoriales (ojos, nariz, lengua, oídos y piel) la memoria sensorial nos permite empaparnos de todo tipo de informaciones que luego pasan a procesarse en la memoria a corto plazo y posteriormente se almacenan en la memoria a largo plazo, desde donde podemos evocarlos siempre que los necesitemos.

Para comprender la importancia de la lectura fluida es importante, sobre todo, el hecho de que la memoria de trabajo tiene una capacidad limitada; por ello, podemos hacer pocas cosas al mismo tiempo. Si no lo cree, intente recitar el himno nacional esloveno, *Brindis*, y a la

MEMORIA SENSORIAL
• entrada de datos a través de los órganos sensoriales

MEMORIA A CORTO PLAZO MEMORIA DE TRABAJO
• Elaboración, formateo y procesamiento de datos.
• Capacidad limitada.

MEMORIA A LARGO PLAZO
• Almacenamiento de datos.
• Capacidad (casi) ilimitada.

vez leer estas líneas, pero de tal modo que las entienda de verdad. Si es capaz de hacerlo, bien es un superhombre, bien recita *Brindis* mientras lee todos los días. Pero si no logra hacerlo, revivirá la experiencia de una persona que no sabe leer bien y pone todo su esfuerzo en deletrear, procurando, a su vez, entender lo que lee.

> La capacidad limitada de la memoria de trabajo puede ser engañada desarrollando algunas destrezas mentales tan bien que estas lleguen a ser automatizadas.

Cuando llego a ser un lector versado, ya no pongo tanto esfuerzo en el deletreo, puesto que soy capaz de reconocer automáticamente las palabras escritas, la mayoría de las veces adivinando el significado por la forma de la palabra, sin tener que leerla hasta el final. En la palabra Eslovenia ya bastan las primeras dos letras, la longitud y la forma de la escritura, con su "ia", para que el nombre de mi querido y pequeño país no se confunda con el menos querido, pero también simpático, país que es Eslovaquia. La palabra Eslovenia es reconocida en un santiamén, sin tener que leerla —y cuantas más palabras reconozca de esta manera, tanto más rápida y más fluida será mi lectura—. Con la suficiente práctica (medida en años), podría, de modo parecido, leer el periódico y a la vez recitar el himno *Brindis*, cosa que, a causa de la limitación temporal, no tengo la intención de hacer.

Volviendo a la comparación entre un lector deficiente y la red de electricidad: cuando salta la electricidad, este problema lo resolvemos cambiando la instalación. El mismo efecto lo conseguimos en la memoria de trabajo con la automatización de la lectura, lograda con la práctica frecuente —es decir, con la lectura habitual—. Las dos cosas requieren bastante esfuerzo y autodisciplina, lo cual no puede evitarse. Pero, del mismo modo que eludimos problemas de sobrecarga en la red con la renovación de las instalaciones eléctricas, también se reducen radicalmente los esfuerzos durante el proceso de lectura cuando lo dominamos.

> De ahí que los buenos lectores vean, oigan y entiendan más que los lectores deficientes.

El hecho de que la introducción a la lectura sea agotadora es probablemente una de las razones para que esta esté de más para muchos. Pero esta es, a la vez, la razón fundamental para la práctica de la lectura: con una lectura frecuente automatizamos la memoria de trabajo y, cuanto más automatizada sea esta, mayor es la facilidad para leer y más espacio queda en la memoria de trabajo para la comprensión de lo leído.

Pero, ¿por qué son necesarios los libros para esto? ¿Acaso los teléfonos inteligentes, las redes sociales y los mensajes que nos escribimos no son suficiente para este entrenamiento de la lectura? La respuesta a esta pregunta es breve y concisa: no, no lo son. Para llegar a dominar la lectura no necesitamos solo una memoria de trabajo automatizada, sino también un vocabulario amplio y profundo, que puede desarrollarse con mayor facilidad mediante la lectura de libros. Más sobre ello en el siguiente capítulo.

¿Sabía que...?

En los lectores deficientes el deletreo ocupa toda la capacidad mental que podría emplearse para la comprensión de lo leído. Los que leemos mucho, leemos de manera automática, sin tener que deletrear, con lo que liberamos las capacidades mentales para la comprensión de lo leído. De ahí que, cuanto más leamos, mayor sea nuestra facilidad de entender lo leído.

2.

SI LEES, CONOCES MÁS PALABRAS Y PUEDES PENSAR SOBRE MÁS COSAS

La automatización de la lectura está vinculada a la evocación de palabras y sus significados, almacenados en la memoria a largo plazo. Es la misma experiencia que uno experimenta vinculando las letras con los sonidos cuando aprende una lengua extranjera. Entonces no solo nos esforzamos con el reconocimiento de las letras en las palabras pronunciadas, sino también con el significado de las palabras: cuantas menos palabras tenemos guardadas en la memoria a largo plazo, más esfuerzo ponemos en adivinar el significado y buscar por los diccionarios y tanto menos espacio nos queda para la comprensión de lo leído u oído. Y al revés, cuantas más palabras conozcamos y cuanto más automaticemos la lectura y el reconocimiento de las reglas gramaticales, más espacio le quedará a la memoria a largo plazo para el procesamiento de lo leído.

> Algunas investigaciones demuestran que es suficiente con no entender el tres por ciento de palabras del texto para, consecuentemente, no entender el texto entero.

Claro que esto no se aplica tan solo a un texto leído en una lengua extranjera que no dominamos muy bien. Es válido también cuando un esloveno sin formación y con un vocabulario reducido y baja capacidad lectora lee en esloveno. En ello, no solo es importante el número de palabras que conozcamos, sino también que comprendamos que las mismas palabras pueden tener significados diferentes en contextos distintos: profesionalmente esto se llama amplitud del vocabulario (= la disponibilidad de palabras que dominamos) y profundidad del vocabulario (= conocimiento de los diferentes significados de una palabra en contextos distintos). No obstante, para la comprensión de lo leído es menester conocer también las reglas formales y lógicas que unen las palabras para formar frases y, luego, las frases para formar textos. Las estrofas de abajo representan un ejemplo ideal de lo dicho:

Tal vez sea de los gays latentes,
pues soy latente en un *puñao* de frentes,
pero eso no tiene importancia
y busco el rosa en consonancia
con el rojo y el blanco
y entre ellos la concordancia.

Como los rojos ya están pálidos,
cuando los blancos se hayan sonrojado,
quedará un rosa para ambos
en el que se habrán conjuntado.

Rosa

Si después de leer los primeros dos versos le parece que fueron escritos por alguien sin conocimientos de ortografía, esto se debe a su capacidad de lectura en lengua estándar: la palabra *puñao* está mal escrita (efectivamente, el corrector de Word la ha subrayado), lo que significa que se trata de una infracción intencional de las reglas ortográficas. Si se ha dado cuenta de que *puñao de frentes* rima con *gays latentes* —que, asimismo, viene a ser un alejamiento de las normas, pero de las prácticas sexuales mayoritarias—, con ello se ha dejado llevar por el juego de palabras que le brindan las pistas para continuar leyendo los tres versos restantes. De nuevo, estos pueden ser entendidos tan solo cuando uno sabe que el rosa no solo es un resultado de la mezcla del blanco y el rojo, sino que simboliza la homosexualidad. Para comprender el poema también ayuda si sabe que en Eslovenia el blanco y el rojo son los símbolos de los oponentes en la Segunda Guerra Mundial: del colaboracionismo (el blanco) y la lucha partisana (el rojo), con lo cual la palabra *concordancia* obtiene un curioso significado rosado. Pasa algo similar con la segunda estrofa, donde la correlación de la palidez de los rojos y el sonrojo de los blancos añade otro matiz, sobre todo si tenemos en cuenta que el autor del poema se llama Andrej Rozman, cuyo apodo es *Rosa*.

En fin, este puñado de versos carece de sentido si no somos capaces de entender que las palabras pueden tener varios significados, si no hemos automatizado las reglas gramaticales hasta el grado de distinguir automáticamente sus infracciones, ni tampoco si carecemos de una trayectoria suficiente en la lectura como para que en los versos no percibamos solo la rima y el ritmo, sino también los juegos de palabras. Asimismo, tenemos que conocer los símbolos de la historia eslovena y conocer el nombre del autor.

Dentro de este marco, la interpretación de los contenidos queda abierta a cada lector individual: un lector de mis características, por ejemplo, por su tono juguetón, puede percibir en el poema el mensaje de que las identidades sexuales y políticas no hay que tomarlas demasiado en serio si queremos vivir tranquilamente, puede leerse como una defensa de una política moderada y casi como un programa político (cada parte tiene que ceder un poco para que puedan salir ganando todos) o como una crítica a la parte colaboracionista que, a diferencia del lado partisano, no sabe afrontar sus pecados (la palidez de los rojos puede significar que estos sí sienten vergüenza de las matanzas masivas que siguieron a la guerra, mientras que la ausencia del sonrojo entre los blancos apunta a que estos todavía no se han enfrentado a los pecados cometidos durante la guerra y su colaboración con el agresor, etc.). Y no por último, el poema puede ser leído como un mero juego lingüístico, sin connotaciones políticas, así como también de formas que van más allá de la comprensión del autor de estas líneas o con una interpretación tan personal que por ahora prefiero mantenerla para mí mismo.

Esto pasa, dicho sea de paso, con todas las buenas obras literarias, que crean a su alrededor más y más nuevos contextos mentales.

> Sin tener en cuenta cómo entendemos el texto,
> mediante cada lectura enfrentamos nuestro vocabulario,
> comprensión, emociones y conocimiento sobre el
> mundo con lo leído y, de esta manera, ampliamos y
> profundizamos nuestro vocabulario, cuestionamos las
> reglas mentales y, con ello, producimos pensamientos y
> emociones nuevas o fortalecemos las ya existentes.

Y creamos nuevos pensamientos también cuando las palabras conocidas resuenan con nuevos significados. Esto cada uno lo hace a su manera y en ello influyen su postura política, el conocimiento de las reglas gramaticales y el hábito de leer poesía y reconocer los juegos de palabras.

Este tipo de lectura se llama lectura en profundidad y no está limitada solo a la lectura de textos literarios: abre también la puerta a la comprensión de la naturaleza.

Un ejemplo de cómo podemos construir un mundo nuevo con palabras conocidas que adquieren nuevos significados es la ecuación de Einstein $E = mc^2$, que es genial por ser breve y elegante, pero es a la vez un resultado de complicadas operaciones matemáticas; además, detrás se esconde toda una explicación que se opone a la comprensión intuitiva del mundo. Si queremos explicar esta ecuación al menos mínimamente en un lenguaje cotidiano, las palabras *tiempo* y *espacio* deben adquirir un nuevo significado, inusual, para fundirse en una palabra nueva, *espacio-tiempo*, generando un nuevo contexto mental —parecido a los significados y contextos mentales nuevos que relucen a través de los juegos de *Rosa* con las reglas gramaticales—.

Con frecuencia estas vueltas mentales y rupturas se producen al mezclar cosas que parecen incompatibles, a saber las ciencias naturales y las humanidades. Este método fue desarrollado hasta la perfección por importantes físicos contemporáneos y autores de *bestsellers* mundiales, Vlatko Vedral y Carlo Rovelli, quienes explican los desafíos de la mecánica cuántica con la ayuda de metáforas e historias de la literatura, la filosofía clásica y la religión. Estos, dicho de paso, pueden hacerlo porque, el primero en Belgrado y el segundo en Verona, se formaron en un colegio que, además de contenidos de ciencias naturales, ofrecía también una formación clásica en humanidades. Las humanidades son, obviamente, un buenísimo entrenamiento del pensamiento también para los científicos; por ello, Rovelli está convencido de que causamos un gran daño al echar la educación humanística de nuestro sistema educativo, dado que, sin la cultura clásica de las humanidades, la física actual no existiría, ni tampoco las ciencias naturales ni el desarrollo tecnológico.

Según el mismo autor, un caso evidente de ello lo brinda la comprensión de la naturaleza en la Antigüedad, a la que influyó la invención de la escritura alfabética. Fue Demócrito el primero en afirmar que el mundo está compuesto de partículas que se llaman átomos, y pudo verbalizar su hipótesis gracias a la recién nacida escritura alfabética: los átomos componen el mundo de la misma manera que las letras componen las palabras, las palabras las frases y las frases las tragedias y las comedias. De ahí que, sin la aparición del alfabeto, añade Rovelli, en la Antigüedad no hubiera sido posible poner en palabras los fenómenos naturales de la manera que posteriormente llevó a la física actual y, sin la lectura de los autores de la Antigüedad, no podríamos entender las bases mentales en las que se fundamenta la ciencia actual.

Demócrito pudo pensar sobre los átomos porque los griegos utilizaban la escritura alfabética.

Con ello, hemos llegado a un nuevo desafío mental: a través de la boca de Demócrito, Rovelli nos enseña que el desarrollo de la sociedad humana y los instrumentos de comunicación han permitido el nacimiento de metáforas mediante las cuales se producen las rupturas mentales en las ciencias naturales.

> El desarrollo de las ciencias naturales puede entenderse mejor si conocemos la historia cultural de la humanidad.

El camino hasta un conocimiento útil y muchos inventos prácticos, consecuencia del desarrollo de las ciencias naturales, pasa obviamente por muchas curvas inútiles y está lleno de inusuales contradicciones. Lamentablemente, esto lo entiende cada vez menos gente. No obstante, la conclusión solo puede ser monosémica.

> Una lectura que amplía y profundiza el vocabulario es una de las bases del pensamiento.

Pero este no es el único ni tampoco el más adecuado modo de leer. La gente lee de distintas maneras y cada una tiene sus ventajas y desventajas. Más sobre ello en un breve salto a la historia.

¿Sabía que...?

Cuando leemos textos en los que nos encontramos con palabras nuevas, nuevas frases hechas y nuevas relaciones mentales, profundizamos y ampliamos nuestro vocabulario. Este tipo de lectura se denomina lectura en profundidad. Las palabras nuevas, las palabras conocidas con significados nuevos y las relaciones mentales nuevas son la condición básica para el pensamiento creativo. De ahí que la lectura en profundidad sea un ejercicio de pensamiento.

UN BREVE SALTO A LA HISTORIA: CÓMO HA CAMBIADO LA LECTURA CON EL PASO DEL TIEMPO

O POR QUÉ NAVEGAR CONTRA LA CORRIENTE DE VEZ EN CUANDO VIENE BIEN

En la Antigüedad, en los albores de la civilización, cuando el índice de alfabetización era muy bajo, lo que en la actualidad está considerado como obras literarias eran narradas o leídas en voz alta; de la misma manera, en la Edad Media se leía la Biblia en los monasterios. Todavía hace cien años la gente de Eslovenia y de otros países europeos se reunía por la tarde en casas para escuchar la lectura en voz alta de la única persona que sabía leer con fluidez.

Los libros llegaron a ser un bien asequible para todos solo en el siglo XX.

La lectura en voz alta se caracteriza por el hecho de que los lectores no pueden adaptarse individualmente y sin problemas a la velocidad de la audición, pararse en caso de querer reflexionar sobre algo o volver al inicio si se han olvidado de algo o si se han dado cuenta de que han entendido algo mal, lo que sí puede hacerse en una lectura individual. En la lectura en voz alta en grupo, el que leía con frecuencia decidía también lo que iba a leerse. Puesto que en la Antigüedad y en la Edad Media disponían de pocos textos, las mismas obras eran leídas varias veces.

A este tipo de lectura técnicamente se le llama lectura intensiva controlada.

Esta lectura empezó a decaer ya durante la Revolución Industrial. Entonces, se inventó la máquina de impresión a vapor, que permitía una impresión más rápida y en cantidades mayores de los libros. Paralelamente, el desarrollo de la industria exigía que cada vez más gente leyera y escribiera, y en muchos países europeos se empezó a introducir la educación primaria obligatoria. Estos nuevos lectores, relativamente poco formados, tenían suficientes recursos y tiempo libre para acceder a la lectura como una forma de entretenimiento; asimismo, nacieron nuevos géneros literarios destinados al consumo masivo, con frecuencia ligero e individual. Le gente empezó a leer por su cuenta, con su propia dinámica, sin un control exterior sobre la elección de los libros que tomaban entre sus manos, y, al mismo tiempo, el desarrollo de la imprenta y de la edición provocaron que la oferta librera aumentara de año en año. Consecuentemente, la gente tomaba en sus manos más libros de los que en realidad podía leer. Novelas, poesía, cuentos de hadas, dramas, escritos políticos y filosóficos, a veces también pornografía —todos estos libros eran escritos por un número cada vez mayor de autores y editados por cada vez más editores—, eran hojeados y leídos sin control, surgiendo interpretaciones propias por cada uno de sus lectores. Con ello, la lectura bien se convirtió en un medio de entretenimiento, bien en una herramienta de movilidad social, bien en un cultivo de ideas revolucionarias; sin la presencia de la imprenta ni de la divulgación de la alfabetización jamás se hubieran producido ni la Revolución francesa ni la rusa. Por lo tanto, la tecnología de impresión y el desarrollo de la alfabetización contribuyeron considerablemente tanto al nacimiento del individualismo como de los movimientos sociales colectivos.

Este tipo de lectura en la jerga profesional se denomina lectura extensiva descontrolada.

El predominio de los medios impresos llegó a su culmen a principios del siglo XX, cuando la radio, el cine y la televisión empezaron a competir con los periódicos, las revistas y los libros. No obstante, toda esta competencia de medios auditivos y sonoros no perjudicó

Los periódicos impresos alcanzaron su auge en el paso del siglo XIX al XX.

demasiado a los libros. El siglo XX es el tiempo de la inclusión masiva a los sistemas educativos, que hasta finales del siglo XX se basaban en los medios impresos. Consecuentemente, el sistema educativo consiguió convertir a cada vez más gente en lectores de libros. Esto queda demostrado en antiguas encuestas sobre los hábitos lectores, que señalaban que el interés por la lectura de libros solía corresponder a los años de escolarización y/o la motivación por una formación adicional. Paralelamente, en el siglo XX, lenta, pero persistentemente, y encima en todas las capas sociales, iba aumentando el nivel de vida, y, con este, también el tiempo libre y los ingresos disponibles.

En otras palabras, a pesar de que a mitad del siglo XX cada vez más gente pasaba delante de los televisores más tiempo, su inclusión cada vez más masiva en la educación y el nivel de vida mayor provocaron que la venta de libros no bajase con la aparición de la tele, sino que seguía aumentando. Una verdadera vuelta de tuerca referente a la lectura de libros, como ya he afirmado al inicio de este libro, vino con la llegada de los ordenadores personales y portátiles, y posteriormente de las tabletas y, sobre todo, de los teléfonos inteligentes. Estos son unos dispositivos universales, ya que unen varias herramientas de comunicación, mágicamente reducidas a un formato de bolsillo. Con este nuevo dispositivo informático, que se ha tragado a todos los demás, han nacido numerosos medios nuevos —y como un día tiene tan solo 24 horas, a causa de Facebook, YouTube, blogs, vlogs, etc.—, los periódicos, los libros, la radio y las cadenas de televisión clásicas han perdido una parte considerable de la atención que hasta entonces le dedicaba el público mediático.

Todo esto significa que leemos más que antes, dado que cada uno de estos medios está basado en la palabra escrita. Pero como tenemos a nuestra disposición muchísimos más contenidos, la lectura se ha vuelto todavía más extensiva de lo que lo era en la época del predominio de los medios impresos —tan extensiva que con frecuencia le echamos un vistazo rápido y superficial al contenido—.

El desarrollo de los medios de pantalla ha llevado a la multiplicación de los modos de lectura que los investigadores de la lectura anglosajones llaman *skimming*, que traducimos como lectura global.

Es típico de la lectura global de las informaciones en la red que nuestras respuestas a ellas sean un mero reflejo: les damos un me gusta, hacemos un comentario enfadado o las compartimos sin

Solemos hacer una lectura global de los textos en pantalla.

reflexionar demasiado, sin chequear las fuentes y sin preguntarnos sobre los motivos de los que las difunden. El vocabulario de este tipo de mensajes suele ser reducido, y encima una buena parte de las redes sociales está concebida de tal manera que causa adicción, ya que despierta la necesidad de nuevos estímulos informáticos. Estos estímulos son aún más eficaces porque pueden personalizarse, puesto que los algoritmos que los mueven a veces saben más de nuestros deseos, esperanzas y miedos que nosotros mismos.

Es cierto que también los medios impresos son propensos a las manipulaciones y las mentiras y la lectura global tampoco es mala en sí. Todo lo contrario: la lectura global es una excelente técnica de búsqueda rápida y selección de la información —y cuanta más capacidad tengamos de la misma, mejor nos irá en este mundo—.

> La lectura global se convierte en algo problemático cuando sustituye a otros modos de lectura que amplían y profundizan nuestro vocabulario y nos enseñan a pensar de manera analítica, estableciendo una actitud crítica al respecto de las manipulaciones mediáticas y los desconciertos populistas.

Si esto sucede, la red mundial deja de ser una herramienta que nos ayuda a comunicar y a entender mejor el mundo, sino que se convierte en un amplificador de nuestras limitaciones.

Claro que cada lectura de libros tampoco es de por sí una lectura en profundidad. Las novelas románticas de Julia Garwood son menos exigentes que las novelas de Margaret Atwood, las epopeyas de Boris A. Novak exigen más atención que las novelas policíacas de Jo Nesbø o Tadej Golob y para la comprensión de los libros históricos de Yuval Noah Harari es preciso tener una memoria a largo plazo más plena que para la lectura de los ensayos amorológicos de Bruno Šimleša. Dicho de otro modo, si somos lectores experimentados podemos sumergirnos mucho en un texto dignamente escrito, de una manera parecida a cuando, al ver una película o jugar a un videojuego, nos olvidamos por completo del mundo que nos rodea — pero esto no necesariamente significa que este tipo de lectura cause grandes logros cognitivos—. Con ello tampoco quiero decir que Julie Garwood, Bruno Šimleša, Jo Nesbø o Tadej Golob sean malos, sino, todo lo contrario, más bien deseo ponderar que para poder entregarnos a la lectura en profundidad hace falta leer textos variopintos y, ocasionalmente, también contenidos exigentes.

La lectura en la que nos sumergimos sin profundizar en el contenido se denomina lectura inmersa.

Todas estas formas de lectura, que se originaron en épocas distintas, coexisten hoy en día, y en ello estriba una de las bellezas de nuestro tiempo.

> Las estadísticas de los medios apuntan
> a que el modo más frecuente de lectura es
> la lectura global, seguida de la lectura
> en profundidad, la lectura inmersa
> y la lectura en voz alta.

La lectura en voz alta desapareció en el entorno rural; no obstante, en los países desarrollados muchos padres leen a sus hijos y, como veremos en uno de los capítulos siguientes, esto influye considerablemente en el desarrollo intelectual y emocional de los hijos. Aún hoy en día, igual que hace doscientos años, seguimos practicando la lectura en profundidad, tal como hemos descrito en el segundo capítulo.

La coexistencia de distintos modos de lectura puede presentarse de una manera fácil mediante un gráfico parecido a una cebolla, que no indica tan solo qué parte ocupa cada tipo de lectura dentro del paisaje mediático, sino también su desarrollo en el tiempo. El soporte en el que leemos también influye en el modo de lectura, pues en papel solemos leer de una manera distinta a la que practicamos cuando leemos en una pantalla.

MODOS
DE LECTURA

LECTURA EN VOZ ALTA

Prevalece antes de la invención de la imprenta (en el siglo XV), porque en aquel entonces solo unos pocos escogidos sabían leer. En la civilización europea, en la Antigüedad y en la Edad Media, los lectores leían en público y en voz alta para los otros lectores. En el ámbito rural europeo esta costumbre se conservó hasta finales del siglo XIX, cuando se leía en las salas de estar de las granjas. La lectura en voz alta sigue existiendo, ya que los padres leen de esta forma a sus hijos.

¿Sabía que...?

La lectura en voz alta de más duración registrada en *El libro Guiness de los récords* duró 113 horas y 15 minutos. El nepalí Deepak Sharma Bajagain estableció este récord entre el 19 y el 24 de septiembre de 2008. En este tiempo leyó 17 libros de 13 autores.

LECTURA INDIVIDUAL

En la Edad Moderna había cada vez más personas que sabían leer, se podía acceder a un número cada vez mayor de textos. La gente empezó a leer en silencio y por su cuenta. Había cada vez más mujeres lectoras. Este fue uno de los primeros pasos en el demasiado largo camino hacia la igualdad de género.

¿Sabía que...?
En la segunda mitad del siglo XVIII surgió también la literatura infantil. Para el gusto de hoy, estos libros eran bastante sosos y moralistas, pero iban destinados explícitamente a los niños y, con frecuencia, también ilustrados.

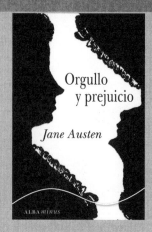

Los mejores libros según el criterio de lectores contemporáneos de la plataforma Goodreads

Siglo XIX:

1. *Orgullo y prejuicio* (J. Austin)
2. *Jane Eyre* (C. Brontë)
3. *El retrato de Dorian Gray* (O. Wilde)
4. *Cumbres borrascosas* (E. Bronte)
5. *Crimen y castigo* (F. M. Dostoyevski)

Siglo XVIII:

1. *Cándido o el optimismo* (Voltaire)
2. *Los viajes de Gulliver* (J. Swift)
3. *Robinson Crusoe* (D. Defoe)
4. *Los sufrimientos del joven Werther* (J. W. von Goethe)
5. *Las amistades peligrosas* (P. Choderlos de Laclos)

LECTURA INMERSA/ LECTURA EN PROFUNDIDAD

Con la lectura en silencio nos identificamos tanto con el texto que nos olvidamos por completo del mundo que nos rodea. De este modo, a veces vamos adquiriendo nuevas palabras, nuevos significados de palabras conocidas, nuevas expresiones y, con ello, nuevas conexiones cerebrales. Entonces leemos en profundidad.

LECTURA GLOBAL

Gracias a los medios de pantalla, en la época actual disponemos de muchos más textos que antes. Muchos de los textos son leídos de manera global y/o la información se procesa rápidamente.

La lectura en profundidad y la lectura global serán cruciales para sobrevivir en la civilización digital.

¿Sabía qué...?
Podemos echar un vistazo a más de 700 palabras por minuto. El récord mundial de lectura rápida alcanza las 25.000 palabras por minuto y lo estableció Howard Berg en 1990.

3.

SI LEES TEXTOS EXTENSOS EN PAPEL, LOS ENTIENDES MEJOR QUE SI LOS LEYERAS EN PANTALLA

Aproximadamente a finales del decenio pasado, algunos años después de que el gigante de la venta por Internet Amazon lanzara al mercado su lector Kindle, me encontraba en Escocia en un pequeño simposio sobre la lectura y la edición. Algunos compañeros reflexionaban con entusiasmo sobre las nuevas generaciones que leerían libros tan solo en pantallas, alegando que los libros impresos serían cosa de coleccionistas de antigüedades y esos raros analfabetos técnicos que no querrían adaptarse al nuevo entorno. Acto seguido, alguien preguntó cuántos de entre los presentes utilizaban Kindle para leer y, orgullosos, todos levantamos la mano, con excepción de una joven compañera que, tímidamente, admitió que la lectura de libros impresos le agradaba porque de esa manera podía descansar de las pantallas, con la que estaba rodeada prácticamente toda la jornada laboral y también una gran parte de su tiempo libre, y que era así desde su tierna infancia. Después de concluir el simposio, el debate continuó por la red y, para gran sorpresa de todos, notamos lo que ahora se sabe gracias a las estadísticas editoriales: que las generaciones mayores prefieren utilizar los lectores de libros digitales, a diferencia de los más jóvenes. Una de las compañeras estadounidenses bromeó con que los mayores aceptamos obsesionados todas las novedades tecnológicas porque queremos aparentar ser más jóvenes y nuestros hijos, a fin de diferenciarse de nosotros, a veces insisten con los viejos medios.

No obstante, en la elección entre los libros electrónicos o impresos no se trata solo de las apariencias. Como se desprende de la tabla de la página 54 que, junto a mi colega holandés Adriaan van der Weel, preparé en base a las estadísticas de los mayores mercados libreros y mediáticos, además del nivel de la exigencia de la lectura, cambia también el soporte en el que leemos: cuanto más extenso y exigente sea el contenido, más se prioriza el soporte en papel, independientemente de la edad de los lectores. Que esta decisión no es arbitraria, lo confirman también sorprendentemente las investigaciones sobre la lectura.

> Tres grandes repasos de centenares de investigaciones
> llevadas a cabo en los últimos veinte años en las
> que se comparaban la lectura en papel o en pantalla
> demuestran que la gente entiende mejor textos más
> extensos y exigentes si los lee en papel que si los lee
> en pantalla.

Es más, la lectura en pantalla de textos más extensos se les da peor a aquellos jóvenes que nacieron prácticamente con el teléfono inteligente bajo el brazo que a los viejos pedorros nacidos en la civilización de la imprenta. A pesar de desconocer (todavía) las razones, una de las posibles hipótesis es que las pantallas crean un entorno mediático en el que es difícil concentrarse en cualquier cosa que no se mueva ni suene, de modo que leemos de una forma global —la gente que prácticamente desde la cuna ha crecido con el teléfono inteligente en la mano está más impregnada de este tipo de percepción de un entorno de pantallas que los que crecieron con la palabra impresa—. De ahí que para los *milenials* el uso de medios impresos para la lectura de textos más largos sea aún más práctico.

Cuando en la primavera de 2019 alrededor de doscientos investigadores de la lectura de Europa, los EE.UU. e Israel estábamos terminando los cinco años de colaboración dentro de la red E-Read, casi todos estábamos de acuerdo sobre estas ventajas de la lectura en papel. Las únicas diferencias estribaban en que algunos creían, con optimismo, que la gente iba a desarrollar pronto la capacidad de leer en profundidad en pantalla y papel indistintamente, y a los otros, a los que éramos más pesimistas, nos preocupaba que la lectura global reemplazara tanto la lectura en profundidad como la lectura inmersa, convirtiéndose en el modo primordial de lectura, y que la lectura en profundidad e inmersa fueran practicadas tan solo por unos cuantos individuos geniales, tal y como había ocurrido más o menos a lo largo de toda la historia humana.

Reconozco que esta idea no es demasiado alentadora y sería muy absurdo que, después del estalinismo, el fascismo y el nazismo, que también prohibían la lectura de libros porque querían enterrar el pensamiento analítico y crítico, fuéramos a parar a una época en la que los contenidos más exigentes se extinguieran por no existir nadie que los leyese. No por mandar a los lectores exigentes a los campos de concentración, sino a causa del proceso originado por la socialización de las tecnologías de pantalla, que privaría a la gente de la paciencia y perseverancia intelectual necesarias para la práctica del pensamiento analítico.

LECTURA GLOBAL		LECTURA INMERSA		LECTURA EN PROFUNDIDAD	
Textos cortos (hasta 500 palabras) + audio/video	Soporte	Textos extensos	Soporte	Contenidos de tamaños diferentes	Soporte
Mensajes	Pantalla	Ficción de género	Papel/ pantalla	Artículos de periodismo riguroso	Pantalla/ papel
Redes sociales	Pantalla	Libros de autoayuda	Papel/ pantalla	Literatura (narrativa, poesía)	Papel/ pantalla
Blogs y páginas web	Pantalla	Blogs	Pantalla	Artículos científicos	Papel/ pantalla
Prensa amarilla	Papel/ pantalla			Monográf. científicos, ensayo divulgativo	Papel/ pantalla

Esto nos lleva a nombrar otra capacidad que desarrollamos con la lectura de libros: la capacidad de una concentración duradera que aumenta considerablemente los modos de pensar desarrollados con el uso de las tecnologías de pantalla. Tal y como se verá en el capítulo siguiente, esta capacidad ya desde hace bastante no se da por sobreentendida en el entorno mediático actual.

El uso de medios impresos y digitales es un puente a la eficacia.

¿Sabía que...?

Al alba de la era digital, la lectura de libros impresos ofrece un contrapeso a los medios de pantalla, nos ayuda a concentrarnos y tranquilizarnos y nos encamina hacia nuevos desafíos. La manera de leer depende también del soporte en el que leemos. Los textos divulgativos y científicos se comprenderán mejor si se leen en papel que si se leen en pantalla.

4. SI UTILIZAS TECNOLOGÍAS DE PANTALLA Y LEES LIBROS, APRENDES A PENSAR DE DOS MODOS DIFERENTES

Cuando viajé por primera vez a China, experimenté un choque cultural. Por primera vez en mi vida me encontraba en un entorno en el que no comprendía nada. En el tiempo en el que viajaba por Europa y América entendía alguna que otra palabra y sabía leer la escritura local; no obstante, el chino ni lo entiendo ni soy capaz de leer sus sinogramas y encima había menos de un puñado de chinos y chinas con conocimientos de inglés. Para colmo, los chinos lo pagan prácticamente todo con una aplicación de teléfono no asequible a los extranjeros, y muchas tiendas y servicios ya no aceptan ni el efectivo ni las tarjetas de pago.

Sin embargo, la tecnología digital pronto empezó a producir milagros: con una aplicación de traducción en el móvil empecé a comunicarme moderadamente y, con la ayuda de gente emprendedora con conocimientos del inglés, evité las limitaciones relativas al pago (=tú me pagas a mí el taxi con tu teléfono y yo te lo pago en efectivo, añadiendo algún yuan). Empecé a utilizar también las aplicaciones locales de navegación en escritura alfabética y poco después ya me movía por Pekín como una gacela.

En suma, con la ayuda de un teléfono inteligente fui capaz de procesar tanta información sobre un entorno lingüístico y cultural tan diferente como para poder satisfacer mis necesidades básicas y responder a los desafíos directos del entorno (= ¿Tengo que ir a la derecha o a la izquierda? ¿Cómo pido un taxi? ¿Cómo comprar plátanos? ¿Cómo explicar al recepcionista del hotel que el retrete me pierde agua?). Sin la tecnología estaría prácticamente perdido: mi cerebro humano no tiene este poder de procesamiento.

Aunque con la ayuda de la tecnología aprendí las estrategias básicas de supervivencia en China, no por ello llegué a entender mejor ni el alma ni el espíritu chino. ¿Qué relación hay entre la Gran Muralla China que empezaron a construir en el siglo VII a.C. para impedir la entrada a los pueblos bárbaros y el gran cortafuegos gracias al

La gente sin la capacidad de lectura en profundidad tiene dificultades para entender otras culturas.

cual Google, Facebook, Amazon y con ellos todas las plataformas de red americanas y europeas (acaso también consideradas bárbaras) no tienen acceso a la red china? ¿Cómo es posible que este estado, dirigido por el Partido Comunista, fuera capaz de desarrollar la mayor economía del mundo que es, a su vez, altamente innovadora? ¿De dónde viene la capacidad para combinar la innovación tecnológica y la competitividad con la rigidez de los apparátchik del Partido? ¿Qué era lo que se me escapaba cuando a finales de los ochenta contribuía con alegría al derrumbamiento del comunismo, también porque estaba convencido de que la burocracia del Partido y la innovación tecnológica de la sociedad eran incompatibles? ¿Y cómo se siente la gente de China con un control tecnológico total encima, cuando el gran hermano les observa en silencio prácticamente cada segundo, sanciona el comportamiento políticamente incorrecto y, al mismo tiempo y a la vista de todos, censura la información? ¿Acaso es posible que la abundancia sea más importante para la gente que la libertad? ¿Fue igual en Eslovenia en los años ochenta, solo que yo —idiota de mí— no lo logré entender?

En otras palabras, en China, con la ayuda de la tecnología, llegué a arreglármelas bien en lo que se refería a los asuntos cotidianos que exigían una concentración breve pero intensa y una actitud rápida. Pero no me fue tan bien en cuanto a las reflexiones más complejas sobre el nuevo entorno, dado que la cantidad de mis conocimientos sobre China en mi memoria a largo plazo era vergonzosamente baja.

Desde este punto de vista, me parecía al pez dorado salido de la archiconocida encuesta llevada a cabo por Microsoft sobre la capacidad de concentración en el ámbito digital, en la que se constató que, en un entorno de pantalla, le gente es capaz de mantener la concentración en la información tan solo durante ocho segundos, lo que es un segundo menos de la capacidad de un pez dorado. Ni que decir tiene que los comentarios a esta revelación fueron bien distintos, pasando desde los más apocalípticos, quienes sostenían que la humanidad se iría a criar malvas a causa de la creciente estupidez, hasta los más eufóricos, que señalaban que nos encontrábamos ante una nueva evolución del cerebro humano y del procesamiento de la información que tal vez nos llevaría hasta descubrimientos impensables.

¿Cuál es nuestra capacidad de concentración en un entorno digital?

Aunque la citada investigación está disponible en la red de Internet y es de acceso libre, pronto se vio que muy pocas personas de las que la comentaban la habían leído en profundidad. Simplificando mucho, los autores de la investigación llegaron a afirmar tres cosas. La primera: cuando vagamos por Internet sin rumbo fijo, nuestra atención baja tras ocho segundos cuando el contenido encontrado no es lo suficientemente interesante (lo que supone un mensaje importante para los publicitarios de la red). Si decidimos mantener la atención durante más tiempo, podemos hacerlo perfectamente. La segunda: los que utilizan más bien las redes sociales y no tanto la red en sí presentan mayores problemas en la lectura que requiere una concentración duradera (lo que traducido al lenguaje de este libro quiere decir que las redes sociales han reducido la capacidad de concentración que la gente previamente había entrenado dentro del sistema educativo mediante la lectura de textos impresos). Y la tercera: los resultados de la investigación apuntan a que de vez en cuando experimentamos brotes de alta concentración en el uso de las redes sociales, gracias a lo cual somos capaces de procesar gran cantidad de información en poco tiempo, y consecuentemente, podemos orientarnos rápido y eficazmente en el entorno al que esta información se refiere. Algo parecido, entonces, a lo que me pasaba a mí en China. Si a algo apuntan los resultados de la investigación de Microsoft, es a que con el uso de los medios de la red podemos llegar a ser eficaces en reacciones efímeras y directas a grandes cantidades de información.

> El peligro que amenaza en el entorno
> de pantalla es que la lectura global de
> información como modo asumido de
> lectura avasalle a la capacidad de lectura
> en profundidad y que ya no seamos capaces
> de activarla ni en casos de lectura de textos
> en forma impresa. Sin esta capacidad, de
> nada nos servirán los datos procesados
> con tanta eficacia.

Entonces, si cogiese ese pez dorado que cumple los deseos, tanto para mí como para mis seres queridos y para toda la comunidad eslovena desearía que fuéramos capaces de procesar la información rápida y eficazmente en la pantalla y, a la vez, las reflexiones duraderas que requieren concentración y un vocabulario amplio y profundo desarrollado con la lectura de libros. ¿Acaso necesitamos esta doble capacidad? Aquí mi respuesta está clarísima: sí, la necesitamos. Primero, con la ayuda de los medios de pantalla podemos arreglárnoslas mejor en entornos ajenos y procesar más información que nunca. **Y lo segundo porque:**

- el mundo que nos rodea es demasiado complejo y peligroso para poder permitirnos la abstinencia lectora y rechazar la posibilidad de una concentración duradera alegando que es innecesaria.

Tan solo mediante la lectura de textos literarios podemos desarrollar una flexibilidad de pensamiento gracias a la cual podemos, por ejemplo, entender el espíritu y el alma chinos —y tan solo a partir de este punto podemos lanzarnos a buscar conocimientos nuevos y adicionales que de veras nos abrirían las puertas a ese mundo extraño y ajeno—. Pues no existe aplicación ni tuit que sea capaz de decirme cómo es posible que los partidos comunistas provocaran un derrumbe económico en la Europa del Este y el partido chino el florecimiento económico y tecnológico de su país; todavía más difícil es responder a la pregunta de si este desarrollo de China es sostenible o algún día explotará, igual que Yugoslavia que también experimentaba con el mercado y el comunismo. Si quisiera responder a estas preguntas, debería revisar varios libros sobre China y disponer del suficiente conocimiento sociológico, culturológico e histórico, y, sobre todo, del suficiente tiempo y persistencia para profundizar en estos temas.

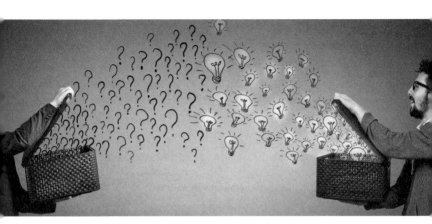

El mundo es demasiado complejo para poder
sobrevivir en él sin disponer de la capacidad de
concentración y pensamiento analítico.

En este momento, todavía no hace falta ponerse a estudiar chino,
al menos hasta que no llame a nuestra puerta con otras cosas que
no sean productos baratos o algún desagradable virus. Pero hay
muchas cosas tan poco conocidas como la China actual, y, al fin
y al cabo, hasta nosotros somos un enigma para nosotros mismos
con frecuencia, por no hablar de los que se esconden en la
naturaleza y en la sociedad. Si no queremos responder a los
estímulos del entorno con meros reflejos, convirtiéndonos en
víctimas potenciales de todo tipo de manipulaciones, debemos
tener la capacidad de concentración profunda y duradera,
estableciendo, a la vez, una distancia con respecto a nuestras
propias emociones y reacciones. Este tipo de disciplina, junto a un
vocabulario amplio y profundo con el que podamos expresar
nuestros pensamientos y alejarnos de todos los embustes que nos
rodean, puede desarrollarse solo mediante la lectura de textos
literarios.

Sin embargo, la disciplina y la capacidad de pensamiento no lo son todo. En nuestras vidas son importantes también las emociones.

> La lectura de literatura nos ayuda a experimentar empatía con las emociones de los demás y entender mejor las nuestras..

¿Acaso no nos ofrecen lo mismo las películas y los videojuegos, en los que podemos bien identificarnos con sus protagonistas (o, más aun, con las estrellas que representan sus papeles), bien representar nosotros mismos papeles distintos en videojuegos a los que juegan varios jugadores a la vez? En otras palabras, ¿en qué se diferencia adentrarse en destinos y mundos distintos con la lectura de literatura a hacerlo con las películas y los videojuegos? ¿Por qué es tan importante esta capacidad?

Uno de los desafíos de nuestro tiempo es cómo dominar el pensamiento de "pantalla" y el de los "libros".

5. SI LEES LITERATURA, ENTIENDES MEJOR A LOS DEMÁS

Como mi hija y yo trabajamos en la misma parte de Liubliana, a veces me topo con ella cuando voy a comer. Con frecuencia está sentada sola en algún restaurante de comida rápida, leyendo. Dice que los libros son un buen sustituto de la compañía; además, la lectura en el descanso del mediodía la relaja y prepara para las tardes de trabajo, llenas de conflictos y luchas.

Esta costumbre suya es, desde el punto de vista de la estadística, más razonable de lo que podría parecer. Una encuesta referente a las capacidades profesionales que llevó a cabo en 2018 la empresa LinkedIn (para los que desconocen esta aplicación, se trata de una especie de Facebook para el ámbito profesional) demostró que las características que más apreciaban los gerentes entre sus compañeros de trabajo eran la creatividad, la capacidad de convicción y la capacidad de colaborar y escuchar. Esto no sorprende, dado que el mundo, debido a los inventos tecnológicos, los cambios medioambientales y los vuelcos políticos, se está poniendo cada vez más patas arriba. Si no me cree, recuerde que hace quince años no existían ni los teléfonos inteligentes ni las tabletas, China era un país insignificante muy lejos de todo, los inviernos eran blancos y Europa no tenía ni idea de que pudiera ser inundada por olas de migrantes musulmanes y africanos huyendo de catástrofes medioambientales y sociales provocadas por la propia Europa, ayudada con éxito por los EE.UU. Es más, en aquellos tiempos tan solo algún autor mediocre

Los libros son diferentes. Algunos inspiran, otros relajan y otros despiertan los espíritus rebeldes..

de ciencia ficción podría haberse inventado una historia sobre un pequeño virus de China que en pocos meses se extendería por todo el mundo, cuestionando nuestra forma de vida.

En un entorno que cambia con tanta rapidez las organizaciones tienen que ser altamente creativas si no quieren que nuevos modelos de negocio, nuevos inventos y nuevas circunstancias sociales las tiren al basurero de la historia; de ahí que solo puedan dirigirlas con éxito aquellas personas que tengan la capacidad de pensamiento estratégico y dispongan de la suficiente sutileza como para encontrar soluciones poco convencionales, convenciendo a sus colaboradores a seguirlos. El quid adicional de la encuesta era que la mayoría de las escuelas de negocios no eran muy eficaces a la hora de desarrollar estas capacidades; por ello, ha prevalecido la convicción de que se trata de unas características personales que las personas pueden fortalecer y, mediante un duro trabajo, desarrollar aun más. Pero, ¿cómo?

Para poder responder a esta pregunta cabe recordar que la capacidad de persuasión y colaboración tienen, al menos, dos denominadores comunes, a saber: la empatía y la autolimitación. Resulta que puedo lograr convencer a mis compañeros de trabajo, dirigirlos y colaborar activamente con ellos solo si soy capaz de escucharlos, identificarme con su mundo mental y entender por qué reaccionan de la manera en que lo hacen —y a la vez, al menos mínimamente, tengo que entender mis propios motivos, prejuicios y emociones en las relaciones con los demás—. Pasa lo mismo al educar a los hijos, reñir con los vecinos, experimentar las crisis matrimoniales o hablar con parientes, amigos o conocidos con convicciones políticas distintas. La empatía se viene abajo cuando una de las partes se convierte en un fanático narciso que cree sola y únicamente en la belleza y grandeza de su propio ego: la empatía funciona cuando la dominamos todos y cuando se encuentra en la base de nuestra necesidad de colaboración y búsqueda del equilibrio personal. Sin empatía y sin capacidad de contener nuestro propio ego y superar el centrarnos en nosotros mismos, las posibilidades de coexistencia o colaboración en la vida privada, pública y profesional se convierten en casualidades afortunadas.

La lectura de literatura es una manera eficaz de entrenar la empatía. Cuando leo una novela, me identifico con ella, con frecuencia también profundizo en ella, y esto normalmente ocurre mediante la identificación con los protagonistas. Estos pueden ser de género distinto al mío, de edades u opiniones políticas diferentes, pueden pertenecer a otras etnias o nacionalidades o "nacieron" en unas circunstancias históricas diferentes a aquellas en las que yo, que soy blanco, algo paleto, europeo y de género masculino, eché mis raíces culturales y políticas. Cuando, mediante la lectura, me pongo en el lugar de otras personas que a veces se diferencian radicalmente de mí, establezco con ello también una distancia al respecto de mis propias preferencias, emociones y valores, con lo que los descubro, cuestiono y, en un segundo paso, modifico y consolido.

> Con la lectura no solo disfruto de las historias,
> sino que también ejercito el cuestionarme a mí
> mismo, y, con ello, el limitar mi propio ego y,
> a veces, también el persuadir a los demás y la
> colaboración.

Experimento algo parecido cuando veo una película o juego a un videojuego complejo, sobre todo si está diseñado de manera que tenga que desempeñar el papel de un personaje en él. No obstante, la diferencia entre la lectura, por un lado, y ver películas y jugar a los videojuegos, por otro, es obvia. Un lector medio necesita alrededor de

Prestando y regalando libros compartimos también experiencias lectoras.

70

veinte horas para leer la novela *Ana Karenina* (lo que corresponde a tres semanas si cada día lee durante una hora); la versión británica de la película, grabada en 2012, dura dos horas y pico. Lo mismo puede decirse de todas las obras de ficción que han sido filmadas: ya solo el tiempo de identificación en la lectura es más largo; por ello, mediante la lectura practicamos en un grado más intenso no solo la empatía, sino también la capacidad de concentración duradera.

Pero eso no es todo. Cuando veo una película o juego a un videojuego, los personajes se encuentran delante de mí con todo su ser, cuerpo y voz, junto a su entorno natural, edificios y ciudades en los que ocurren las historias. Por el contrario, durante la lectura yo mismo tengo que crear en mi mente todo lo que en las películas y videojuegos me están sirviendo. Aquí hace falta ponderar que los videojuegos, comparados con las películas, cuentan con una ventaja: pueden convertirse en un buen entrenamiento de las decisiones estratégicas, sobre todo cuando intervienen varios jugadores. Además de la imaginación en la creación de los personajes y los entornos en los que suceden las historias, a los videojuegos suelen faltarles también la amplitud y la profundidad de vocabulario; por ello, los videojuegos, por su efecto, no pueden sustituir la lectura.

Como hemos constatado ya en el segundo capítulo, durante la lectura puedo pararme y reflexionar sobre lo leído, regreso hojeando algunas páginas atrás, vuelvo a leer alguna página y en otra avanzo de manera más lenta para dar más tiempo al cuestionamiento. Durante el tiempo en el que vemos una película, no se puede hacer nada de esto. En esto, dicho sea de paso, los audiolibros se diferencian de los libros impresos y se parecen más a las películas. También en estos, igual que en la lectura, tenemos que visualizar toda la historia, pero, al escuchar, no practicamos la técnica de vincular sonidos con letras ni las automatizaciones de la memoria de trabajo relacionadas con ello.

Los audiolibros presentan limitaciones parecidas a las películas en lo relacionado a curiosear, la dinámica de asimilación de la historia y la vuelta atrás en el texto.

Total, como dice la escritora norteamericana Barbara Kingsolver: a uno la lectura de ficción lo absorbe literalmente dentro de la psique de otras personas y esto lo hace con más intensidad que otros medios

> El entrenamiento de la empatía en la lectura es más intenso que al ver o escuchar, y, con ello, también el entrenamiento del cuestionamiento personal, la relación crítica hacia uno mismo y la persuasión de los que piensan de una manera diferente.

La influencia positiva de la lectura en las habilidades de los empleados que, según la encuesta de LinkedIn anteriormente citada, echan de menos los gerentes, se desprende también de algunos datos sobre la formación de las personas con carreras profesionales de mucho éxito. Al menos hoy en día, uno puede ocupar un cargo líder dentro de una buena corporación o una empresa cuando es bueno en el pensamiento estratégico y/o no convencional y en la persuasión y el liderazgo de sus compañeros, de ahí que su formación represente una buena muestra de dónde y cómo es posible adquirir estas destrezas: entre los graduados de las mejores universidades norteamericanas que ocupan puestos de directores en las mejores empresas, los que han terminado estudios de humanidades y ciencias sociales superan en número a los que han terminado estudios de economía (el 12% son licenciados en humanidades, el 9% en ciencias sociales y el 10% en economía). Los estudios de Literatura, Filosofía, Historia del Arte, Filología Clásica o Historia son los estudios que terminaron los gerentes actuales (o, cuando leen estas líneas, ya habrán pasado a ser los exgerentes) de megacorporaciones tales como YouTube, Walt Disney, Hewlett-Packard y Alibaba y los directores o fundadores de empresas altamente exitosas tales como Whole Foods, Paperless Post y Chipotle. Y no por último, un lector regular y un bloguero de libros ocasional es también el fundador de Microsoft y uno de los hombres más ricos de la Tierra, Bill Gates.

La gente que ha logrado éxito es, con frecuencia, lectora regular de libros.

No obstante, las palabras carrera y lectura hay que tomarlas al pie de la letra: no es suficiente con pasar los estudios con la ley del mínimo esfuerzo, leer unos pocos libros en toda la vida o leer solo un género literario, por ejemplo novela romántica o novela policíaca. Tampoco es suficiente con hojear los libros, leerlos en "diagonal" o sus resúmenes: para entrenar la empatía, la identificación, el pensamiento crítico y la creatividad debemos ser lectores intensivos que se tragan más de diez libros al año o debemos tener a nuestras espaldas un periodo de lectura intensa de varios años —por ejemplo, con los estudios de Literatura— durante el cual hayamos leído la mayoría de las obras canónicas de la literatura mundial y gran parte de la producción editorial actual.

Pero eso tampoco significa que cada uno que se matricule en humanidades o ciencias sociales y/o lea mucho esté automáticamente predestinado a una gran carrera en los negocios. Una verdadera prueba de creatividad, empatía y capacidad de persuasión a los demás se acuña al entrar en la plaza de la vida, tal y como hace tiempo escribió el bebedor esloveno de café más conocido: allá donde está la gente que supera nuestros horizontes habituales, al mundo donde los procesos laborales cambian cada día y donde nos caemos de narices si no encontramos caminos nuevos y poco convencionales que nos lleven hacia delante. Solo en este punto, o al menos con la conciencia de que existe, la lectura puede suponer el fortalecimiento de la empatía y la creatividad y, con ello, una herramienta que, al saber cómo utilizarla, nos puede ayudar a recuperarnos de las caídas antes que los que no leen.

Las carreras de algunos de los directores más destacados pueden servir de ejemplo de que el ejercicio de la creatividad, la persuasión y la colaboración en el gimnasio humanista y/o de la lectura es al menos tan bueno como lo experimentado en el fitness de los negocios —por supuesto, con la condición de que seamos capaces de concentrarnos plenamente en lo que hacemos—.

Nunca es tarde para llegar a ser lector y aprender a pensar. Pero cuando podemos desarrollar con más facilidad esta capacidad es si leemos desde pequeños y si son los padres los que nos leen. Como veremos en el sexto capítulo, en Eslovenia pocas familias tienen la costumbre de hacerlo.

¿Sabía que...?

La lectura de literatura es un entrenamiento de la empatía con los pensamientos y las emociones de los demás y de comprensión de las emociones y los pensamientos que nos motivan a nosotros mismos. Mediante la lectura desarrollamos la capacidad de persuasión y de colaboración, que son clave para una vida personal equilibrada y una supervivencia exitosa en el puesto de trabajo.

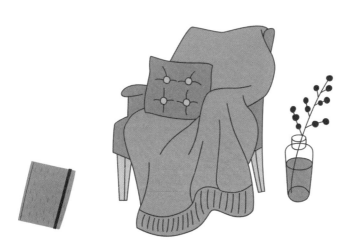

LA EMPATÍA

Las personas somos distintas: jóvenes y mayores, hombres y mujeres, locales y extranjeras, delgadas y gordas, bajas y altas, sanas y enfermas, felices y amargadas... Cada uno de nosotros tiene una historia, experiencias, emociones y pensamientos distintos; por eso, reaccionamos a otras personas y a los desafíos de nuestro entorno de modo diferente. Para poder entender a los demás, hablar con ellos y convencerlos de que tenemos razón, debemos saber identificarnos con sus pensamientos, emociones y reacciones. Tan solo de este modo podemos también cuestionarnos a nosotros mismos.

La empatía es meterse en la piel de otra persona y/o la capacidad de percepción y comprensión de lo que la otra persona piensa y siente. Esta es también la base de la inteligencia emocional; influye en nuestra red social, en la resolución de conflictos y en las relaciones con los demás.

¿Sabía que...?

La empatía no se desarrolla de una manera automática, aunque nacemos con sus gérmenes. Necesitamos experiencia y práctica para que se pueda desarrollar. En junio de 2016 escribieron en el periódico *Wall Street Journal* que la empatía es una de las características de un buen hombre de negocios y líder, de ahí que en una quinta parte de las empresas norteamericanas ofrecieran el entrenamiento de esta "destreza". ¿Por qué? Se supone que los equipos con un jefe empático deberían de ser más leales y motivados y sus miembros colaborarían mejor los unos con los otros, serían más creativos y, no por último, también más felices.

"También esta es una de las bellezas de la literatura: constatar que tus anhelos son universales y que no estás ni solo ni aislado de los demás. Que perteneces a alguna parte."

F. SCOTT FITZGERALD, ESCRITOR NORTEAMERICANO, AUTOR DE LA NOVELA *EL GRAN GATSBY*

La lectura de literatura nos enseña cómo ver el mundo, a los demás y a uno mismo a través de personajes que se diferencian de nosotros. La gente que lee, suele ser más feliz y tener más éxito en las relaciones que la gente que no lee.

6. LOS NIÑOS QUE CRECEN EN UN AMBIENTE LECTOR TIENEN MÁS ÉXITO EN LA VIDA

Irena, mi pareja, nació en una familia trabajadora: su padre trabajaba como conserje y su madre como cocinera en un gran colegio. Tal y como era costumbre entre la gente así en la época comunista, vivían en la casa del conserje en el colegio. No leían en casa, el objetivo de sus padres era que sus hijos se ganaran el pan cuanto antes y no malgastar ni tiempo ni dinero en una educación (demasiado) larga. Puesto que en la familia no había dinero para la guardería, Irena pasó numerosas mañanas bajo "el cuidado" de la biblioteca escolar, donde la amable bibliotecaria la tomó bajo su manto y la introdujo lenta pero insistentemente en el mundo de los libros. Luego, durante toda la escuela primaria, regresaría a la biblioteca, que estaba al ladito de su habitación en la casa del conserje, y, en contra de las expectativas de los suyos, se convirtió en una lectora que no terminó solo la escuela secundaria, sino también los estudios de Literatura Comparada. Hoy tiene tras de sí una carrera de veinte años como editora y es autora de cuatro libros.

Su historia es la excepción que confirma la regla que describiré en este capítulo: que el entorno familiar influye de manera esencial en que los niños se desarrollen como lectores, lo que más tarde los convierte en adultos con una competencia lectora (y también matemática) superior y con más éxito. El entorno familiar es importante, por supuesto, pero no es lo único que puede convertir al niño en lector; si este falla, instituciones sociales como las escuelas y las bibliotecas pueden contribuir de manera importante al desarrollo de la competencia lectora. La única cuestión es si en los tiempos neoliberales actuales están capacitadas para ello, si su método de financiación se lo permite o si están siquiera dispuestas a hacerlo. Tal y como veremos, esta, teniendo en cuenta los malos hábitos de lectura de las familias eslovenas, será una de las preguntas cruciales de nuestro futuro.

Desde el año 2000 en los países miembros de la OCDE se realizan dos investigaciones en las que se miden la competencia matemática y lectora de niños y adultos (sus siglas internacionales son PISA y PIAAC). Entre los objetivos de ambas está constatar si niños y adultos son capaces de comprender textos de diferente dificultad. Según los resultados del informe PIAAC, en Eslovenia estamos bastante a la cola de los países desarrollados, puesto que, en base a él, supuestamente hasta una cuarta parte de los adultos tiene problemas para comprender textos sencillos. Nos va mejor en la competencia lectora de los niños, ya que estamos un poco por encima de la media de la UE, pero, por el contrario, tenemos un número por debajo de la media de niños con el mayor nivel posible de competencia lectora, en el cual los niños son capaces de realizar "una evaluación crítica o una hipótesis, sobre la base de un conocimiento especializado" y "una comprensión completa y detallada de un texto cuyo contenido o forma es desconocido, [...] (lo que) suele implicar tratar con conceptos que son contrarios a las expectativas". En nuestro país solo es así el 9 % de los niños.

En suma, todo esto significa que, proporcionalmente (teniendo en cuenta la media de los países desarrollados), pocos habitantes de Eslovenia saben reconocer noticias falsas, apreciar los más diversos patrones en el caos de los acontecimientos de la sociedad e imaginar cosas que a veces vayan más allá de nuestra percepción intuitiva del mundo en el campo de las ciencias naturales y sociales. Para todo esto necesitamos el conocimiento abstracto, la capacidad de pensamiento lógico y un vocabulario amplio y profundo, y todas estas habilidades las adquirimos (también) con la lectura inmersa y la lectura en profundidad.

Por ello, en el marco de los informes PISA y PIAAC se recogen sistemáticamente datos sobre el tamaño de las bibliotecas familiares, comparándolos con la competencia lectora y matemática de los niños y adultos participantes. Como poco, una parte de los resultados son chocantes.

> Los adultos con una educación secundaria que crecieron en familias con una biblioteca de, al menos, un tamaño medio, tienen la misma competencia lectora y matemática que los adultos con un nivel superior de educación que crecieron en familias sin biblioteca. Es más, por extraño que suene, los niños y adultos que crecen en una familia con una gran biblioteca son más diestros en el uso del ordenador que los que crecen con menos libros.

Si leemos en la infancia, tendremos más éxito cuando seamos adultos.

En esto el tamaño total de la biblioteca familiar no es directamente proporcional a la competencia matemática y lectora de sus propietarios y sus descendientes: la mayor diferencia se muestra entre los que crecen en una familia con una biblioteca familiar pequeña y los que crecen en una familia con una de tamaño medio. En otras palabras, el salto de ningún libro a unas decenas de ellos hace más por la competencia lectora que si una biblioteca familiar con algunos centenares de libros aumenta en diez libros. Por supuesto, hace falta coger los libros que tenemos en casa y léerselos a los niños, darles un ejemplo de lectura y acudir a librerías y bibliotecas, donde hay disponibles varios miles de buenos e interesantes títulos. Si los libros son simple decoración en las estanterías, no se sacará de ellos ningún provecho, al igual que nadie está más en forma por tener unas zapatillas de deporte en el armario.

> La clave para dar forma a los hábitos de lectura de niños y futuros adultos es, sobre todo, la lectura en familia.

Cuando leemos a los niños, les ayudamos a ampliar y profundizar su vocabulario y a aprender a concentrarse; así, entramos con ellos en diferentes mundos y destinos, ayudándolos a ver y comprender el mundo a través de unos ojos diferentes a los suyos.

> Con la lectura ayudamos a los niños a desarrollarse como seres empáticos que sienten y piensan.

En Eslovenia no podemos jactarnos de esto; por ejemplo, en Noruega leen a los niños con frecuencia en más de dos tercios de las familias, mientras que en Eslovenia solo en un tercio. Es necesario advertir también que el número de familias en Noruega en las que se lee con frecuencia a los niños ha aumentado en un 3 % entre

Los hábitos de lectura se forman durante la infancia.

los años 2014 y 2018, mientras que en Eslovenia ha disminuido en un 3 %.

Estas diferencias en la lectura en familia reflejan también los hábitos de lectura de los adultos: si un esloveno o eslovena medio lee cinco libros al año, un noruego o noruega medio quince y si un esloveno medio compra dos libros al año, un noruego medio diez. Es más, si en Noruega más del 80 % de la población lee libros, en nuestro país algo menos de la mitad. En consecuencia, también hay diferencias en el tamaño de las bibliotecas familiares: si una familia eslovena media tiene en casa entre 50 y 100 libros, una familia noruega media tiene más de 200. En concordancia con estos datos, los adultos noruegos están por encima de la media de los países desarrollados en cuanto a la competencia lectora, mientras que los eslovenos adultos están por debajo.

Por supuesto, alguien observará al respecto: "Claro, las noches escandinavas son largas, ¡qué otra cosa podría hacer la gente sino leer!". Pero entre los años 1979 y 2019 en Noruega el número de no lectores se ha reducido en una quinta parte, mientras que en nuestro país se ha mantenido invariable, y en este periodo las noches en Escandinavia no se han alargado lo más mínimo. Solo son un poco más cálidas.

Quizás alguien también proteste ante esta comparación que por qué comparo Eslovenia con Noruega, que es uno de los países europeos más desarrollados en cuanto a la lectura; además, los noruegos viven apoltronados sobre sus barriles de petróleo y son una sociedad insultantemente rica. La respuesta es simple. Si queremos mejorar como país y sociedad, tenemos que compararnos con los que tienen más éxito que nosotros. Además, la riqueza no es el único factor que influye en los hábitos de lectura, puesto que los países árabes también viven apoltronados sobre sus barriles de petróleo y allí los hábitos de lectura están peor desarrollados que en Noruega o en nuestro país, y algunos países más pobres o similares al nuestro, como Estonia y Chequia, tienen una cultura lectora más desarrollada que nosotros.

Si todo esto es cierto, podemos entender estos datos de unos hábitos de lectura cada vez peores como uno de los indicadores del estado mental de Eslovenia, como una advertencia de que nos hemos adentrado, llamémoslo así, en una regresión espiritual y social. La expresión "regresión intelectual" no es lo suficientemente amplia, pues algunas habilidades que adquirimos con la lectura (por ejemplo, la empatía) están más relacionadas con las habilidades emocionales y sociales y con el nivel general de confianza en la sociedad.

Si no me equivoco,

> la mitad de los eslovenos y eslovenas y dos tercios
> de las familias eslovenas tienen malos hábitos de
> lectura y problemas relacionados con ello.

Y peor es aún que no sabemos deshacer este hechizo, puesto que la proporción de lectores y no lectores es la misma ya durante casi medio siglo. Los hábitos de lectura familiares actuales indican que esto no será mejor dentro de algunas décadas.

Todo esto frena nuestra innovación y satisfacción con la vida. En otras palabras, Eslovenia tiene un éxito por encima de la media y proporcionalmente es un país infeliz también a causa de los malos hábitos de lectura. Más sobre ello en el séptimo capítulo.

¿Sabía que...?

Con la lectura en familia ayudamos a los niños a convertirse en seres empáticos que piensan y sienten. Los adultos con una educación secundaria que han nacido en familias con una biblioteca de, al menos, tamaño medio, tienen la misma competencia lectora y matemática que los adultos con estudios universitarios que han crecido en una familia con una biblioteca pequeña. Por lo que respecta a la competencia lectora y matemática, leyendo libros podemos saltar un nivel de educación.

7.
ENTRE LOS LECTORES HAY MÁS PERSONAS SATISFECHAS Y CREATIVAS QUE ENTRE LOS NO LECTORES

En los últimos años han intentado medir la satisfacción y la creatividad de las personas en diferentes países y regiones con unas cuantas investigaciones. Dos han sido las que más validez han logrado. La Organización Mundial de la Propiedad Intelectual (OMPI) prepara el Índice Mundial de Innovación y el Instituto Gallup mide cómo de satisfechos están con su vida los habitantes de diferentes países. Las dos metodologías empleadas no podrían ser más diferentes entre sí. El índice de innovación lo calculan en base a más de 80 indicadores, desde el número de patentes y los pagos de derechos de autor hasta las conexiones de las universidades y los institutos de investigación con la economía, pasando por las inversiones en investigación y desarrollo. Por otro lado, el Instituto Gallup consulta a los encuestados (que son elegidos de tal manera que sean representativos de la población de un país) sobre tres cosas muy simples: deben valorar con una nota del 1 al 10 lo satisfechos que están con su vida, cuántas veces sonrieron el día anterior y cuántas veces se sintieron satisfechos y felices o tristes, enfadados y preocupados. A continuación, para una mejor comprensión de las respuestas a estas cuestiones, también preguntan a los encuestados si tienen amigos y conocidos con los que puedan contar cuando tienen problemas, si tienen la sensación de poder influir en sus propias vidas, si han hecho donaciones con fines benéficos el mes anterior y cómo de alto es el nivel de corrupción en el país en el que viven según su opinión.

La hipótesis de esta serie de preguntas es que la conexión entre la gente, la sensación de tener el control sobre tu propia vida, la solidaridad y la ausencia de corrupción influyen de manera importante en la satisfacción con la vida. Los investigadores de Gallup han añadido a esto el dato de la esperanza de vida, de nuevo con la hipótesis lógica de que la gente está más satisfecha con su vida allí donde se vive más – y viven más donde la mayoría puede acceder a unos buenos cuidados sanitarios, donde no hay guerras ni criminalidad masiva y dónde está garantizada una seguridad social básica.

En otras palabras, aunque ni el Estado ni el Partido le puedan dar la felicidad al individuo, sino que tiene que buscarla él mismo, tal y como apuntó hace mucho Edvard Kardelj, se le puede soltar a la cara a Kardelj que la felicidad personal se alcanza más fácilmente en Noruega que en Venezuela, Corea del Norte o Afganistán; resulta que, como punto de partida, un Estado corrupto y fallido no es un entorno en el que la mayoría de la gente pueda estar satisfecha con su vida. Y si bien es cierto que no podemos comprar con dinero ni la felicidad ni el amor, también es verdad que unos euros más siempre vienen bien en la vida y que solo unas pocas personas son capaces de ser feliz sin un mísero duro en el bolsillo.

A partir de aquí lo fastidiaré otra vez un poco con los números. Si, al igual que a mí, le parece que la estadística se inventó para matar el espíritu del ser humano, sáltese las siguientes páginas y confíe en mi palabra:

ATENCIÓN, ESTADÍSTICA

Los países cuyo producto interior bruto social es inferior a 5.000 euros prácticamente no invierten en desarrollo, porque no tienen de dónde sacar para ello; por ello, la pobreza es una maldición de la que es difícil escapar. En consecuencia, la cultura lectura y del libro tienc en estus países una presencia meramente testimonial. Por otro lado, se toma por válido que, una vez que el producto interior bruto social alcanza los 17.000 dólares, este no influye especialmente en la satisfacción de la población ni en la cantidad de inversiones en desarrollo y cultura. Todo esto depende de los valores culturales predominantes en una sociedad determinada. Así, por ejemplo, en Estonia las bibliotecas familiares son un tercio más grandes que en Finlandia, si bien Finlandia es casi el doble de rica que Estonia, y el índice de felicidad en Costa Rica es superior al de EE.UU., aunque EE.UU. sea tres veces más rico que Costa Rica en cuanto a la renta per cápita.

> En la mayoría de los casos con los países pasa lo mismo que con la gente: en general, son más ricos, innovadores y felices los que tienen unos hábitos de lectura muy desarrollados que aquellos en los que hay poca lectura.

Debido a todo esto, es lógico que entre los países en los que la gente tiene unas bibliotecas familiares relativamente grandes no haya ninguno que esté por debajo del puesto 80 en el índice de felicidad ni por debajo del puesto 50 en el índice de innovación (ambos índices abarcan más de 130 países, por lo que un puesto 30, por ejemplo, significa a nivel global una clasificación relativamente buena en el índice de innovación; además, esta estadística la estropea especialmente la Federación de Rusia, que, a causa de su estratificación geográfica y demográfica, tiene un producto interior bruto social por debajo de los 17.000 dólares por habitante). Es más, entre los diez países con las bibliotecas familiares más grandes hay ocho que se encuentran entre los primeros 26 países del mundo en cuanto a satisfacción de la población e innovación en la sociedad. De estos, cuatro se encuentran entre los diez primeros.

Los diez países desarrollados con las bibliotecas familiares más grandes:

PAÍS	TAMAÑO DE LA BIBLIOTECA	POSICIÓN EN LA CLASIFICACIÓN DE INNOVACIÓN	POSICIÓN EN LA CLASIFICACIÓN DE FELICIDAD
Estonia	1	24	55
Noruega	2	19	3
Suecia	3	2	7
Chequia	4	26	20
Dinamarca	5	7	2
Nueva Zelanda	6	25	8
Finlandia	7	6	1
Países Bajos	8	4	5
Rusia	9	46	68
Israel	10	10	13
Eslovenia	23	31	44

En Leiden (Países Bajos), uno de los centros de desarrollo científico y tecnológico europeo, tienen poesía en algunas fachadas.

La gente más innovadora, más lectora y más satisfecha vive en el noroeste de Europa, en países con una tradición protestante y una tradición de gobiernos socialdemócratas después de la Segunda Guerra Mundial. En este grupo, Países Bajos e Israel rompen con el mito de la excepcionalidad nórdica en cuanto a la innovación y la felicidad, y, por otro lado, Estonia y la Federación de Rusia, con sus fuertes atrasos, advierten de que una cultura lectora desarrollada no trae necesariamente una vida satisfactoria. El índice de innovación muestra también con la Federación de Rusia que la cultura lectora no está relacionada necesariamente con la creatividad en la sociedad; como ya he mencionado, estas tendencias negativas son, en un momento u otro, consecuencia de la estratificación demográfica y el producto interior bruto social relativamente bajo de Rusia, que es el único país de la tabla por debajo de los 17.000 dólares. Al mismo tiempo, la relativa alta posición de Chequia y Estonia advierte de que la herencia comunista ni de lejos puede ser la causa principal de la cerrazón social, puesto que ambos países han creado una simbiosis casi ejemplar entre la innovación y la lectura.

Con los países con las bibliotecas familiares más pequeñas obtenemos una imagen diferente. Seis de los diez países de nuestra tabla están por debajo del puesto 26 según todos los indicadores y tres según uno. Solo un país está por encima de este puesto según ambos indicadores.

PAÍS	BIBLIOTECAS	ÍNDICE DE INNOVACIÓN	ÍNDICE DE FELICIDAD
Japón	1	15	58
España	2	29	30
Bélgica	3	23	18
Eslovenia	4	31	44
Corea del Sur	5	11	54
Italia	6	30	36
Grecia	7	41	82
Singapur	8	8	34
Chile	9	51	26
Turquía	10	49	79

Aquí también es visible un patrón geográfico y cultural: los países desarrollados con las bibliotecas más pequeñas y un bajo índice de innovación y satisfacción están, sobre todo, al sur de Europa (donde incluyo también a Eslovenia; si no lo cree, eche mano a un mapa de Europa e intente buscar en él el centro geográfico de Europa. Está en Lituania, 1.500 kilómetros al norte de nuestro país). A excepción de Turquía, entre los países europeos predominan los que tienen una tradición católica (a los que pertenece también Chile, por otro lado descendiente cultural de la sureuropea España). Es también característico que tres países asiáticos de la lista tienen un alto índice de innovación y un bajo índice de satisfacción, lo que podemos entender como una prueba adicional de que, por suerte, la innovación y el dinero no son suficientes. Bélgica es el único país que, según los índices de felicidad e innovación, corresponde al primer grupo pero está clasificado en un nivel bajo, similar al de Eslovenia, según el tamaño de las bibliotecas familiares.

Así, todo esto nos lleva a la conclusión de que la innovación, los hábitos de lectura y la satisfacción con la vida están relacionados.

> Por norma general, los países con una cultura lectora más desarrollada son más innovadores y felices que aquellos en los que la cultura lectora decae.

Allí donde decae la cultura lectora, también decaen la felicidad y la innovación.

¿Qué es lo primero? ¿Es así que, sobre todo, lee la gente innovadora y curiosa, quien, por eso, está más satisfecha con su vida que los perezosos adormecidos? ¿O la gente que lee se hace innovadora y, con ello, están más satisfechos con su vida, convirtiéndose consecuentemente en más felices también los países en los que prevalece la gente así? No hay suficientes datos disponibles para responder a ello de forma clara, por lo que creo que esta será una de las preguntas claves de las investigaciones sociológicas sobre la lectura en el futuro. Pero si tenemos en cuenta lo que hemos dicho hasta ahora acerca de la lectura, está justificado suponer que esta relación es causal.

> Como la lectura fomenta la empatía, los lectores
> saben identificarse mejor con las emociones y los
> pensamientos de alguien cercano y esto lleva a
> una comunidad más unida. De manera similar, no
> podemos ser innovadores si no sabemos pensar – y
> a pensar podemos aprender solamente ampliando
> nuestro vocabulario y profundizando en él.

¿Es este un argumento que pueda convencer a un no lector para convertirse en lector? ¿O la lectura es un esfuerzo para cada vez más gente en el que, por su propia definición, no puede haber nada de disfrute y, por ello, es válido huir de ella? ¿Acaso hay algo de disfrute en la lectura?

No hay una respuesta general a esta pregunta. Por ello, permítame ser un tanto personal en el octavo capítulo.

En Praga una estatua advierte de la importancia de la lectura de libros.

¿Sabía que...?

Los países con hábitos de lectura desarrollados son más innovadores, felices y ricos que los países en los que la gente no lee. Estas diferencias también existen entre la gente que lee y la gente que no lee.

BIBLIOTECAS FAMILIARES

Los libros podemos ordenarlos de las formas más variadas. Por ejemplo, de tal forma que sigan el orden alfabético de los autores, por los colores del lomo, por géneros, en función de la época de la que habla el libro... La ventaja de una organización así es que encontramos rápido un libro, pero con el problema de que a veces tenemos que mover parte de los libros si compramos uno nuevo. También podemos colocar los libros según los conseguimos. Luego tendremos un poco de caos en las estanterías, pero, al mismo tiempo, expondremos en ellas nuestro historial de lectura. Estas son las bibliotecas familiares del autor, la editora y la diseñadora de este libro.

LA BIBLIOTECA INFANTIL DE URŠKA: "Para la biblioteca infantil reciclamos una estantería de mi madre. La idea era que los libros crecieran con los niños: en las estanterías inferiores estarían los títulos para los más pequeños y en las superiores para los mayores.

Pero, lamentablemente, no todos los libros para los canijos son pequeños y no todos los libros para los mayores grandes, y ordenamos las estanterías más por inspiración que siguiendo un plan; por ello, pronto decidimos que las normas están en el mundo para saltárselas (incluso si las hemos puesto nosotros mismos). Las instrucciones actuales son: coloca el libro de tal forma que lo vuelvas a encontrar. ¡Y funciona!".

LA BIBLIOTECA DE MIHA:

"Mi biblioteca está desperdigada por toda la casa y mayormente se funde con la de Irena, con quien comparto todo lo bueno y lo malo en la vida. En el salón los libros están ordenados en función de su género o tipo, como novela negra, relatos de viajes, guías turísticas, poesía, novelas, ensayo, manuales... También tenemos una estantería en la que están los libros que ha escrito algún miembro de nuestra familia. En la cocina cuelgan algunas estanterías con libros de cocina. En el pasillo hay una extensa colección de literatura infantil y juvenil, la cual, para ser sinceros, es la más difícil de mantener dentro de los límites del orden. En el sótano, donde paso más tiempo, tiene su hogar la bibliografía especializada relacionada con mi trabajo".

LA BIBLIOTECA DE PETRA:

«En nuestra casa en "la biblioteca" tenemos de todo, tal y como es mi trabajo en la editorial. Desde manuales hasta álbumes ilustrados, novelas, poemarios... En realidad, se pueden encontrar libros por toda la casa, tenemos varios rincones con libros y "escondites" para leer tranquilo».

8. LEER ES UN ESFUERZO, PERO CON ALGO DE SUERTE TAMBIÉN UN DELEITE

Las sociedades modernas están obsesionadas con disfrutar y les aterrorizan los esfuerzos. Centros comerciales, agencias de viajes y lugares de ocio de uno u otro tipo nos prometen experiencias de disfrute irrepetibles, los deportistas nos intentan convencer antes de competir de que, sobre todo, quieren disfrutar durante la competición y el deseo secreto de padres y alumnos es que los niños adquieran conocimientos con el mínimo esfuerzo. Prácticamente hemos estigmatizado la palabra "esfuerzo" y puesto el disfrute en un pedestal: los encargados de funeraria y los médicos son casi los únicos que no hacen propaganda de sus servicios y prestaciones con frases sobre experiencias de disfrute irrepetibles, al menos por ahora.

Y, aún así, en general, en la vida no hay disfrute sin esfuerzo. Esto es especialmente obvio en el deporte: nadie puede deslizarse por el trampolín gigante de Planica y disfrutar del vuelo sin haber entrenado antes durante años, y su entrenamiento habrá estado relacionado con los esfuerzos físicos, las caídas y los dolores y con vencer incesantemente el miedo. Ronaldo y Messi probablemente disfrutarán de verdad marcando goles a Jan Oblak, pero con bastante menos disfrute habrán sudado durante largas horas en los gimnasios y se habrán levantado a las cinco de la mañana para levantar pesas mientras la gente normal se toma el café matutino. Tampoco disfrutarán precisamente mucho cuando tengan una edad y el cuerpo les pase la factura de todas las lesiones que tuvieron en su (demasiado) larga carrera. Los millones ayudan, pero, al menos por ahora, no se puede comprar un cuerpo nuevo con ellos.

Lo reconozco: yo también salgo a correr cada mañana algo menos de ocho kilómetros. En la actualidad lo disfruto y significa para mí una especie de meditación matutina, pues estoy algo menos de una hora a solas conmigo mismo, con mis pensamientos, mi cuerpo y mis sensaciones, lo que hoy en día es un raro privilegio para la gente empleada; pero cuando empecé, durante más de un año me sentía como si fuera a morirme al llegar a casa entre dolores después de correr, echando humo como una vieja y estropeada locomotora de vapor. El resultado de todo esto es que a los sesenta estoy en mejor forma que a los cuarenta y que ahora solo sufro al correr cuando doblo la ruta o aumento la velocidad. Yo pertenezco a esa subespecie de corredores que no cronometran su tiempo, que no desean superarse a sí mismos al correr y que no compiten con nadie: solo así puedo relajarme al correr y disfrutar con ello.

Algo parecido pasa con la lectura. Al principio, leer es un esfuerzo, y solo más tarde, con algo de entrenamiento y suerte, también un deleite. En los tiempos actuales este esfuerzo es más marcado que hace medio siglo: si antiguamente los aprendices se torturaban solo con la fonética y la gramática y con ampliar el vocabulario, tal y como hemos mostrado en la primera mitad de este libro, hoy también se dan de golpes con mantener una atención que les menoscaban los medios de pantalla; estos, con los likes, compartir e inventos parecidos, de manera simultánea y todo el tiempo miden nuestra efectividad y popularidad "social".

Leer libros significa hacer propia una experiencia mediática que está en contra del espíritu predominante de nuestros tiempos: significa tranquilizar el cuerpo y el espíritu y apartarse de las omnipresentes pantallas.

Por ello, leer significa hacer algo no medible y que no forma parte de ninguna competición de ningún tipo, a las cuales nos empuja cada vez más el paradigma de pensamiento neoliberal, también en nuestra vida privada. Solo con esto ya hay una pizca de disfrute para la gente con leves reflejos anarquistas y rebeldes.

Este disfrute, al menos para mí, tomó cuerpo también en algunos pequeños rituales relacionados con la lectura. Tengo la suerte de que en mi piso me puedo permitir tener un rincón de lectura: un sillón junto a la ventana, una mesita para un café o un cacao y una

Leer es como correr: un esfuerzo, pero con algo de suerte también un deleite.

No hay nada como un rincón de lectura agradable.

lámpara de lectura. Esta construye a mi alrededor un oasis de lectura de tonos jade en las noches o en los días de penumbra. Y, por el día, la ventana frente al sillón me ofrece la visión de los infructuosos esfuerzos por cazar de nuestro gato (demasiado) gordo y de los cambios de las estaciones. A veces, cuando la vida descarrila del ritmo marcado y no hay tiempo para la lectura, un simple vistazo a este rincón del piso ya me tranquiliza.

Este efecto tranquilizante del ritual de lectura, el cual asimilamos con entrenamientos de lectura habituales, se contradice con frecuencia con lo que leo. Por supuesto que leo literatura porque disfruto con las historias, trasladándome a otros mundos y creando en mi cabeza los personajes, acontecimientos e intrigas que se ha inventado en otro lugar y otro tiempo alguien a quien no conozco, pero que con la destreza de su escritura me permite sentirme más cercano a él y a la gente que ha nacido en su cabeza que a la mayoría de aquellos con los que me cruzo cada día. A menudo, este tipo de lectura me relaja. Pero en estos traslados a otros mundos y estas recreaciones de los mundos de otros a veces hay un infinito gran esfuerzo, y no solo por la concentración: cuando la historia es buena, a veces por lo bajo y a veces en voz alta, pone en cuestión mis conceptos y valores o me enfrenta sin piedad a aquellas cosas que hice mal en la vida y de las cuales huyo. Entonces, recomponerse puede convertirse en una hazaña.

Leer textos científicos y de ensayo tiene un efecto parecido en mí. En los últimos años leer libros de, sobre todo, física, neurociencia y biología ha derrumbado mi visión del mundo y ha levantado una nueva. Hace muchísimo tiempo, cuando crecía en un mundo comunista que se desmoronaba, echaba abajo mi mundo de una forma parecida Slavoj Žižek, quien, con sus escritos sobre la lengua y los eslovenos, me ayudaba a comprender unas fuerzas hasta entonces invisibles que impelían los miedos, las emociones y las esperanzas de mis compatriotas y míos.

En este tipo de destrucciones creativas lectoras (llamémoslas así) está el sentido de la vida, al menos para mí: en percibir nuevas soluciones a viejos problemas y nuevas dimensiones en relaciones que hasta ayer parecían muertas. En escapar, al menos a veces, de la rutina diaria con la sensación de que estoy solo en el corazón de la tierra atravesado por un rayo de luz, como dijo el poeta, y disfruto con una leve ansiedad esperando que anochezca.

Pero, ¿por qué hacer esto en esloveno, teniendo en cuenta que hay muchísimos más libros disponibles en inglés, alemán o francés? ¿Por qué siquiera seguir insistiendo con esta pequeña, periférica, de vez en cuando un tanto latosa y aún así querida lengua europea? Espero que mi respuesta en el noveno capítulo siga el espíritu de las mejores tradiciones intelectuales de las naciones pequeñas.

¿Sabía que...?

A veces con la ayuda de palabras hasta entonces desconocidas, nuevos significados de palabras conocidas, nuevas expresiones y frases poco comunes el mundo se derrumba y se levanta de una manera nueva e inesperada –mediante este pensamiento, que llamamos creativo, nacen nuevos conocimientos y nuevos mundos. Leer libros es un entrenamiento para este tipo de pensamiento. Leer libros es un esfuerzo que me hace disfrutar aprendiendo a pensar.

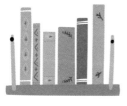

LA LECTURA Y EL DESGASTE

Las sirenas son unos seres mitad mujer, mitad pez que en los mitos de la Grecia Antigua seducían a los marineros para que saltaran al mar y se ahogaran. Ulises, el héroe de la epopeya homérica de la *Ilíada*, quería escuchar su canto, pero también sobrevivir, por lo que ordenó a sus marineros que al navegar frente a ellas se taparan los oídos con cera y a él lo ataran al mástil. Terminó con la espalda bien raspada, pero es la única persona en la mitología griega que sobrevivió al canto de las sirenas.

En los medios de pantalla actuales habitan muchísimas sirenas: sus estímulos nos invitan sin descanso a consultar más y más contenidos nuevos en el inmenso mar de la información. Por ello, el libro impreso se parece al mástil de Ulises, especialmente si en nuestro rincón de lectura no hay teléfono inteligente: nos ata a un solo contenido y nos invita a vivir y sumergirnos solo en lo que leemos, en lugar de saltar de un contenido a otro. Así, en un entorno digital, leer se ha convertido en una de las formas más efectivas de entrenar la concentración y el *mindfulness*.

La civilización digital está obsesionada con medir la efectividad. El número de pasos y movimientos en el esfuerzo físico, el número de documentos procesados en las oficinas, el número de pacientes atendidos por hora en los centros de salud, el número de citas en la investigación científica, el número de apariciones en los medios, el número de *likes* en Facebook, el número de maratones acabados y la incesante mejora de sus tiempos, el número de cimas alcanzadas, el número de kilómetros recorridos, el número, el número, el número... El mundo entero parece hecho para que midamos sin descanso la efectividad y para ser mejores que los demás y que uno mismo. Esta presión competitiva produce ansiedad y desasosiego, por lo que es importante escapar de ella de vez en cuando. Los libros son una excelente herramienta para ello, pero solo si los leemos de forma no competitiva. No se ponga ninguna meta, número de páginas, número de libros leídos... Simplemente disfrute al leer. Que la lectura sea esa parte del mundo en la que estamos a gustito, en la que no hay nadie que quiera algo de nosotros.

9.

LEER EN UNA LENGUA EXTRANJERA ES ABRIR UNA VENTANA DESDE LA QUE TAMBIÉN SE VE TU HOGAR

Intentemos imaginar por un momento qué habría pasado si Primož Trubar, Jurij Dalmatin, Adam Bohorič, Anton Martin Slomšek, France Prešeren, Matija Čop y muchos otros no hubieron sido ardientes defensores de la lengua eslovena, sino que hubieran decidido que para este pequeño pueblo eslavo al pie de los Alpes era mejor adoptar cuanto antes el alemán como lengua propia. Entonces, la Biblia nunca habría sido traducida al esloveno, Prešeren sería un poeta poco conocido de una de las provincias austríacas del sur y el esloveno un pequeño dialecto interesante solo desde el punto de vista etnológico que hablarían en algunos pueblos de los estados federados austríacos de Carintia, Carniola y Baja Estiria, de forma similar a como hablan un viejo dialecto croata hoy en día en algunos pueblos de Burgenland. Con algo de suerte, Laibach y Marburg am Drau serían las capitales de dos estados federados, y, con algo de infortunio, el estado federado de Baja Estiria ni siquiera existiría y Graz habría engullido Marburg am Drau como centro administrativo, intelectual y económico de una Estiria más amplia. En un mundo así, probablemente Laibach tendría un tamaño comparable a las austríacas Graz o Innsbruck y Marburg am Drau sería parecido a Klagenfurt (escribo los nombres en alemán a propósito, porque, con toda seguridad, los eslovenos ya no existirían, al igual que apenas existen en el Friul —¿alguien sabe todavía que Udine en esloveno se llama Videm?—). En este caso probablemente no existiríamos ni nosotros: hablaríamos alemán y, si en un mundo así nuestros padres hubieran llegado a encontrarse, tendríamos unas vidas y carreras profesionales diferentes a como tenemos ahora.

Por supuesto, también sería posible un escenario diferente, en el que Prešeren, Čop y Slomšek se habrían convertido en entusiastas partidarios del movimiento ilirio y habrían defendido con firmeza la fusión del esloveno y el croata en una sola lengua, tal y como hizo el hoy olvidado Stanko Vraz. Si Cankar, Kosovel y todos los que llegaron (llegamos) después de ellos los hubieran seguido y el mismo entusiasmo fusionista—lingüista hubiera prevalecido también en Croacia, probablemente nunca habría existido Yugoslavia y en su territorio habrían surgido después de la Primera Guerra Mundial la República de Iliria, el Reino de Serbia y el Principado de Montenegro. Tarde o temprano, la capital de la República de Iliria sería Zagreb y Liubliana y Maribor serían los centros administrativos de los condados de Carniola y Estiria y comparables a las actuales Rijeka, Split y Osijek en cuanto a tamaño e importancia. Con algo de suerte, Iliria sería uno de los estados eslavos de mayor éxito, con una fuerte economía y potencial intelectual y deportivo. Como poco, de vez en cuando seríamos campeones europeos y mundiales de fútbol, voleibol, baloncesto, balonmano, waterpolo, esquí alpino y saltos de esquí. Seguramente en Iliria habría menos orden que en Austria, pero, por contra, habría más diversión, sin duda.

Pero la historia giró en otra dirección y en la actualidad no somos ni ilirios ni austríacos, ni tampoco župania (condado) ni estado federado, sino un estado independiente con su propia lengua y con todo lo que un condado o un estado federado no tienen: una política exterior propia y Ejército, y también un gobierno que decide en Liubliana sobre la política cultural, económica y educativa. Por eso, nuestro presidente, lamentablemente, no puede publicar

¿Cómo sería todo si no existiera el esloveno?

fotografías en Instagram patinando por Kaerntnerstrasse o la Jelačić Plac (Plaza Ban Jelačić): todos los políticos, economistas y académicos bobos son nuestros, de aquí. Esto es bueno, al menos en mi opinión; no podemos señalar a nadie con el dedo por nuestras venturas y desventuras, es suficiente con mirarnos al espejo. También es bueno que Eslovenia sea miembro de la Unión Europea, puesto que sus empresas y su mano de obra tienen acceso libre a uno de los mercados mundiales más ricos y grandes, por lo que ser de un estado pequeño, al menos por ahora, no representa un hándicap económico y de seguridad, tal y como fue durante todo el siglo XX.

Pero lo más importante como reflexión de este librito es que al esloveno hoy en día le va mejor que nunca, puesto que es, como quedó dicho ya en la introducción, una de las lenguas oficiales de la Unión Europea y, en consecuencia, las multinacionales lo utilizan y los programas informáticos y las cada vez más difundidas herramientas de traducción automática hablan en él.

Por desgracia, un desarrollo así también tiene su lado oscuro. Como la mayoría de la producción científica y cultural y de la cultura pop mundial se da en inglés y todos estos contenidos están disponibles a solo unos clics gratuitos o a un precio mínimo también en Eslovenia, es completamente posible que el esloveno se convierta el día de mañana en una lengua de paletos, demasiado burda para las refinadas conversaciones sobre ciencia, procesos económicos complejos y cultura.

Que esta actitud hacia la lengua prevalezca o no dependerá de los valores de la mayoría de los eslovenos y eslovenas. Una actitud de rechazo al esloveno adquiere sentido si aceptamos que la

En el cementerio de Navje, en Liubliana, se alza la estatua de una chica leyendo. En la redonda masa de granito sobre la que se sienta hay grabados mensajes sobre la importancia de la lectura. .

racionalidad económica es la herramienta central, si no incluso la única, para medir la calidad de la vida social y privada. Resulta que, debido a su enorme número de usuarios, es más barato conservar las grandes lenguas, por lo que también es más fácil garantizar las condiciones para un desarrollo cultural y científico dentro de ellas. En relación con esto, hasta el croata es más práctico que el esloveno, y no hablemos ya del alemán, siendo el inglés directamente óptimo.

¿Por qué entonces insistir con esta pequeña lengua eslava?

A esta pregunta podemos responder positivamente solo si no medimos la respuesta con la vara de la racionalidad económica. Es cierto que del esloveno no obtenemos ninguna ventaja económica directa y que muchas cosas en la cultura, la educación y la ciencia son más caras por su culpa —por cierto, igual que no nos haría falta mantener cohortes enteras de embajadas insultantemente caras, diplomáticos, diputados, ministros, secretarios de Estado y otros funcionarios del Estado si no tuviéramos nuestro propio estado—. Por supuesto, algún abogado del diablo añadiría a esto que, ahora que tenemos nuestro estado, ya no necesitamos una lengua propia, puesto que somos soberanos, visibles y reconocibles también sin ella; si renunciáramos al esloveno, seguiríamos siendo eslovenos, con una historia eslovena de la cual sería también parte el habernos transformado y racionalizado lingüísticamente en concordancia con los principios de la racionalidad económica en algún momento concreto.

A un abogado del diablo así se le podría contradecir al menos por dos razones.

Primero, los eslovenos seguimos creyendo que somos una comunidad nacional precisamente por nuestra lengua. Esto nos diferencia de los austríacos, que comparten su lengua con los vecinos, y de los suizos, que tienen una identidad nacional conjunta y cuatro lenguas oficiales.

> Si renunciáramos a nuestra lengua, renunciaríamos
> con ello también a la parte central de nuestra
> identidad.

Una vez que modificáramos una parte tan importante de nuestra identidad comunitaria y personal, un estado fundamentado en ello no tendría ya mucho sentido —y, entonces, un condado o un estado federado se convertirían bastante rápido en soluciones más racionales en lo económico y atractivas financieramente hablando—.

En segundo lugar,

> la lengua con la que vivimos desde la cuna, crecemos
> y nos fundimos con el entorno, es la lengua en la
> que más fácilmente ponemos en palabras nuestros
> pensamientos y sentimientos.

Cuando, empapados de nuestra lengua materna, aprendemos una, dos o tres lenguas extranjeras más, el esfuerzo cognitivo merece la pena, al abrirnos ventanas a palabras y mundos de pensamiento desconocidos. Con aprender una lengua extranjera solo superficialmente, nos orientamos con mayor facilidad en un entorno extranjero; los eslovenos, como pequeña nación que somos, sabemos bien que no podemos cruzar la frontera sin conocimientos básicos del croata, alemán, italiano o, por supuesto, inglés. Si somos tan diestros en una lengua extranjera como para leer libros en ella o incluso pensar, abriremos de par en par ventanas a otras culturas, otras formas de pensar y de sentir; desde

Con la lectura en una lengua extranjera abrimos ventanas a otras culturas, formas de pensar y de sentir.

estas ventanas podemos avistar también nuestros sentimientos y pensamientos y ponerlos en palabras en nuestra lengua materna de nuevas maneras.

> Si somos bilingües o plurilingües, gracias a ello podemos comprender más que los que solo leen en una lengua.

Ser una pequeña nación nos empuja a este tipo de bilingüismo más que si nuestra lengua materna fuera, por ejemplo, el alemán. Es verdad que ser pequeño es un hándicap para muchas cosas, pero, al mismo tiempo, es también una ventaja cognitiva: no olvidemos que entre los diez países más innovadores hay seis con menos de diez millones de habitantes o multilingües (Suiza, Suecia, Finlandia, Dinamarca, Singapur e Israel).

Dicho de otro modo, si naces con una lengua con relativamente pocos hablantes, como el esloveno, y te brillan al menos un poco los ojos de la curiosidad, tiene sentido ser bilingüe o incluso plurilingüe, puesto que cada lengua que aprendemos es una ventana a nuevos mundos de pensamiento y emociones, y, para rematar, en las lenguas con menos hablantes hay menos contenidos textualizados que en sus hermanas mayores. Pero, aún así, sigue siendo sensato tener tus cimientos, tu ancla, eslovenos en nuestro caso; sin ellos, las ventanas a los mundos ajenos son como globos que el viento arrastra de aquí para allá con nosotros dentro. Con unos cimientos así y las ventanas lingüísticas a otros mundos vemos más que si estamos atrapados en una sola lengua.

Por ello, la supervivencia de nuestra comunidad nacional y lingüística dependerá en el futuro de la forma en la que construyamos nuestros cimientos lingüísticos en un entorno multilingüe, lo que, a su vez, estará fuertemente relacionado con cómo interioricemos los cambios que trae el desarrollo de la tecnología de la información y con el papel que conservará la lectura clásica y lineal en todo ello.

Seré claro: un desarrollo que nos aleje del esloveno como la lengua de la cultura, me parece improductivo y triste, por no decir trágico. Pero esto no quiere decir que no vaya a ocurrir. Es más, en el siguiente interludio demostraré que es perfectamente posible que a nuestros sucesores tal desarrollo les parezca lógico, grato y obvio.

¿Sabía que...?

La lengua con la que vivimos desde la cuna, crecemos y nos fundimos con el entorno, es la lengua en la que ponemos en palabras nuestros pensamientos y sentimientos con mayor facilidad. Pero el plurilingüismo es una ventaja cognitiva: cuando hablamos y leemos en lenguas diferentes, abrimos puertas a nuevos mundos. Esta ventaja solo cuenta si tenemos unos cimientos lingüísticos: si salimos de nuestra lengua materna hacia nuevas lenguas y volvemos a la primera una y otra vez para poder decir, escuchar y comprender más en ella.

El plurilingüismo nos puede llevar a nuevos y desconocidos mundos que no podemos imaginar en nuestra lengua materna.

117

INTERLUDIO:
CUATRO CONSTATACIONES SOBRE LAS MÁQUINAS QUE NOS DIERON FORMA

Las personas y las máquinas tenemos una relación poco común. La mayoría de nosotros cree que las herramientas, los aparatos, los procesos de trabajo y los artículos surgidos de ellos hacen lo que nosotros les ordenamos o que los utilizamos a nuestra voluntad. Pero no es tan simple: las máquinas, los procesos de trabajo y los artículos no influyen solo en nuestro vocabulario, sino también en cómo hablamos, sentimos y pensamos. En otras palabras, al cambiar la forma en la que hablamos, cambiamos también nosotros.

Por ejemplo, Homero nunca usa en *La Ilíada* ni en *La Odisea* la palabra para el color azul. En lugar de ello, loa la miel verde, los bueyes y el mar de color vino y las ovejas, el pelo y el hierro violetas —y eso que nada de esto ha cambiado de color en los últimos tres mil años—. De forma similar, también hay pocas palabras para los colores en el Antiguo Testamento en hebreo y en los Vedas hindúes. Guy Deutscher dice en un libro sobre el desarrollo de las lenguas que una paleta más amplia de palabras para diferentes colores apareció solo cuando el ser humano aprendió a fabricarlos. Antes describían con una palabra varios colores: por ejemplo, el verde cubría también el amarillo y el violeta todos los tonos del azul.

Así pues, la conclusión es poco común, al menos a bote pronto: el ser humano nombró todos los tonos de los colores porque aprendió a fabricarlos y no porque fueran visibles en la naturaleza. Puesto que la psicología de los colores, como ciencia propia, nos enseña que los colores simbolizan nuestras emociones (el rojo y el amarillo la alegría, el negro la tristeza, el blanco la paz y el silencio, el azul la sabiduría y la estabilidad, etc.), podemos deducir que podemos expresar nuestras emociones de forma más refinada con metáforas de colores porque nos lo posibilitó el desarrollo tecnológico, que la intimidad no habría evolucionado sin el desarrollo de la tecnología. Algo parecido pasó también en las ciencias naturales, pues, como ya he mencionado, la invención de la escritura alfabética posibilitó a Demócrito, en torno al año 400 a.C., utilizar las letras como metáfora de las partes más pequeñas, las indivisibles, de las que está formado el mundo, y las llamó átomos.

Una influencia similar en el espíritu del ser humano a la invención de la escritura alfabética la tuvo también el desarrollo de la tecnología de impresión y de la economía de mercado. En la segunda mitad del siglo XV, cuando la tecnología de impresión se empezó a difundir por Europa, primero imprimían los libros en latín, que era la lengua común de todos los estudiosos europeos de entonces, pero pronto lo hicieron también en diferentes lenguas locales, a las que por entonces aún no llamaban nacionales, pues existían solo —llamémoslas así— variaciones de numerosos dialectos sobre el mismo tema.

Expresiones más precisas para los colores surgieron solo cuando el ser humano aprendió a producirlos físicamente.

Había dos razones para este giro librero-comercial: por un lado, el mercado de los libros en latín se saturó y a los impresores les empezaron a faltar textos vendibles y, por otro lado, cada vez más comunicación escrita discurría fuera del marco eclesiástico, en un entorno profano, entre personas que sabían leer, pero no en latín. En otras palabras, la alfabetización comenzó a ser lentamente multitudinaria y ya no estaba relacionada con el conocimiento del latín, sino con las conversaciones locales, con las lenguas vernáculas, dicho de forma técnica. Con esta multitud de lectores cada vez más grande se empezó a abrir un nuevo mercado editorial, en el que los autores (y, con ellos, los editores) se dieron cuenta rápido de que la rentabilidad del libro dependía de la cantidad de personas que comprendieran la lengua en la que el texto era impreso. Por ello, la maestría del padre del protestantismo, Martín Lutero, no residió solo en su vuelco a la Iglesia, sino, tal vez sobre todo, en haber conseguido traducir la Biblia a un alemán que era una especie de denominador común de todos los dialectos alemanes. Estos eran tan diferentes en el siglo XVI que alemanes que vivieran en Zúrich, Liubliana o Kaliningrado (entonces Königsberg) habrían tenido problemas para comprenderse entre ellos —pero todos comprendían sin mayores problemas el alemán de Lutero—. Algo similar hizo Jurij Dalmatin por el esloveno con su traducción de la Biblia; si en lugar de esto, hubiera conseguido, junto a su homónimo Anton Dalmatin, traductor de la Biblia al croata, el mínimo común denominador de los dialectos eslovenos y croatas de entonces y hubieran traducido la Biblia a una lengua común croatoeslovena, la historia lingüística, cultural y política en nuestro rincón de Europa se habría desarrollado de forma diferente a como lo hizo. Más o menos, de una manera similar a como describo en el noveno capítulo —pero nunca fue el destino del esloveno y el croata convertirse en dialectos de una misma lengua—.

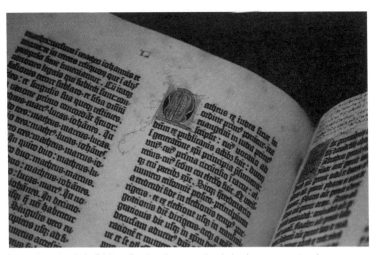

La traducción de la Biblia influyó en la aparición de las lenguas nacionales.

La traducción de la Biblia, al menos en el oeste y el centro de Europa, fue crucial en el origen de las lenguas nacionales, ya que por entonces en torno a los textos bíblicos giraba una considerable parte de la vida intelectual y con ello, para rematar, el rito eclesiástico que practicaba la gran mayoría de la población se empezó a trasladar a las lenguas locales. Desde aquí en adelante las cosas ocurrieron prácticamente por sí mismas, impelidas por los mecanismos del mercado: cada vez más autores y editores con cada vez más productos impresos se dirigían a los lectores en las lenguas locales, y estos lectores empezaron a percibirse a sí mismos como miembros de una misma comunidad lingüística a la que unía una lengua impresa común y, con ello, una historia y una cultura escrita comunes.

Por ello, la imprenta fue una de las bases sobre la que empezó a surgir la conciencia nacional en Europa. Esta era tan sólida que el nacimiento de nuevos medios (el cine, la radio y la televisión) en la primera mitad del siglo XX no la puso en cuestión ni en las pequeñas ni en las grandes naciones. Es más, la lengua nacional y la comunidad nacional basada en ella impregnaron tanto nuestra identidad e intimidad que muchos de nuestros antepasados estuvieron dispuestos a defenderlas con su vida, como si consentir la pérdida violenta de la propia lengua fuera igual a la pérdida de la identidad personal y, con ello, de la propia vida. "Quien haya muerto por su patria, habrá vivido lo suficiente" fueron las últimas palabras del poeta Ivan Rob justo antes de que lo fusilaran los fascistas italianos el 12 de febrero de 1943. No estoy seguro de que en la era digital aún podamos comprender este tipo de heroísmo.

Nuestra primera constatación es que el mercado y la tecnología de la impresión dieron forma conjuntamente a las identidades colectivas y la autopercepción de las personas en los siglos XIX y XX.

Pero esto no es todo. Fue característico de la tecnología de la impresión, entre otras cosas, que, de largo, lo más económico era imprimir libros de entre doscientas y quinientas páginas de gordos, con lo que los editores tenían que vender al menos unas centenas de ejemplares si querían cubrir los gastos y ganar un poco. Por ello, los editores rechazaban tanto los textos demasiado gordos para los libros como los textos sobre los que presuponían que no podrían vender lo suficiente como para recuperar el dinero que invertirían en la impresión,

La invención de la imprenta fue una de las condiciones previas para el florecimiento de la civilización europea posterior al siglo XV.

distribución y venta del trabajo. Los editores y autores que no se ajustaron a estas normas básicas quebraron y desaparecieron del mercado editorial. Fueron censurados por el mercado, por decirlo de algún modo.

Además, el propio formato del libro impreso (hojas unidas entre cubiertas) dictaba una organización específica del texto. Las páginas estaban numeradas y, con frecuencia, los textos estaban divididos en capítulos, lo que, con la ayuda de índices (e índices onomásticos en los textos científicos), posibilitaba a los lectores encontrar rápidamente el lugar deseado del texto. Esta arquitectura de la información de los libros, la cual se desarrolló en los primeros cien años posteriores a la invención de la imprenta, ha influido hasta hoy, junto a las presiones del mercado y las presiones técnicas de la imprenta, sobre la extensión y la organización de los textos de los trabajos literarios, filosóficos y científicos y, con ello, ha dado forma también a su contenido.

Somos tal como somos también por las máquinas que usamos.

Nuestra segunda constatación es que los mecanismos del mercado y de la tecnología de la impresión dieron forma de manera conjunta a los modos en los que las personas pusieron en palabras sus pensamientos en la era de la imprenta.

Pero incluso esto no es todo. De manera similar a la invención del alfabeto y los colores, también la invención de la imprenta, y luego de la radio, el teléfono, la televisión y los ordenadores, ofreció una multitud de nuevas palabras y metáforas con las que fue posible verbalizar nuevos descubrimientos sobre el mundo a nuestro alrededor. Por ejemplo, los libros y las bibliotecas se convirtieron en una metáfora para describir la forma en la que se transmiten los códigos genéticos a lo largo de las generaciones y las líneas telegráficas o telefónicas se convirtieron en una metáfora del sistema nervioso, mientras que en los últimos tiempos en el ámbito de la ciencia neurológica y cognitiva han empezado a usar la pantalla del teléfono como metáfora para describir el modo en el que la conciencia humana percibe el mundo.

Nuestra tercera constatación es que, desde numerosos puntos de vista, la tecnología de la información ha dado forma de manera decisiva al vocabulario con el que verbalizamos nuestros descubrimientos sobre la naturaleza y la sociedad. Somos tal como somos también porque así nos han hecho las máquinas que hemos hecho nosotros.

Esta retroalimentación tiene consecuencias a largo plazo en la comprensión de lo que significa ser persona y lo que es la conciencia humana, las cuales no diseccionaremos con mayor detalle en este librito. Para nosotros es útil sobre todo porque, junto a las dos constataciones anteriores, nos lleva a una conclusión más:

Si la invención de la tecnología de la impresión influyó en que nos viéramos a nosotros mismos como miembros de una comunidad nacional, nadie puede decir que la tecnología de las pantallas no vaya a tener un efecto similar en la identidad de las personas del mañana. Es perfectamente posible que a nuestros descendientes, en un mundo cada vez más globalizado y digitalizado, no les parezca importante hablar en su lengua nacional y pertenecer a su comunidad nacional.

Claro, que las personas del presente no tenemos precisamente una gran influencia sobre cómo nuestros descendientes sentirán y pensarán dentro de treinta o cuarenta años: solo podemos procurar las herramientas para que la lengua y la cultura nacionales accedan a los nuevos entornos mediáticos, creando con ello unas condiciones para la conservación del esloveno. Que esto les venga bien o no a nuestros nietos y bisnietos es cosa del modo en el que se den forma a las identidades personales y colectivas en la segunda mitad del siglo XXI, pues es perfectamente posible que las identidades nacionales del día de mañana se diluyan y se amasen en un nuevo tipo de identidad —los cimientos que nos ofrece la lengua materna serán sustituidos por unos nuevos que hoy no podemos ni imaginar—.

Pero, ¿qué son estos nuevos entornos mediáticos? Desde la perspectiva actual, parece cada vez más importante, sobre todo, cómo de bien hablarán esloveno las máquinas, es decir, lo que en el habla popular se llama inteligencia artificial. Resulta que la inteligencia de las máquinas adquiere su horizonte de pensamiento a partir de multitud de textos científicos, divulgativos, literarios y de entretenimiento (en resumen, de textos de uno u otro tipo), de los mensajes de audio y de las imágenes que produce la humanidad a diario. Como de estos tipos de mensajes hay incomparablemente más en inglés que en esloveno, podemos sospechar de manera fundada que

Para el futuro desarrollo del esloveno será de crucial importancia cómo de bien lo hablarán las máquinas

la inteligencia artificial tendrá más chispa en inglés (chino, ruso, alemán...) que en esloveno. Es más, aunque hemos navegado por la red en esloveno y cada vez enredamos más y jugamos a la política y la cultura, los eslovenos y eslovenas con formación hemos transferido conscientemente al inglés la mayoría de nuestra producción científica en ciencias naturales y sociales.

Todo esto podría significar que en algún momento, en un futuro no tan lejano, la inteligencia artificial sepa tener una agradable charla en esloveno, pero cuando lleguemos a temas más serios, se callará y cambiará al inglés o chino —y esto pondrá a nuestros sucesores en una posición que hace mucho tiempo ya experimentaron los germanófilos: si quieres pensar en cosas más complicadas, tendrás que dejar el esloveno, fin del debate—.

Pero, de todos modos, incluso si esto ocurre (y esto será lo último en lo que hará hincapié la historia poco común que estamos contando en este librito), leer libros seguirá teniendo sentido.

LA COMUNICACIÓN A LO LARGO DEL TIEMPO

APRENDIZAJE DE MEMORIA

Los medios desde siempre
han influido en nuestra forma
de pensar. En la Edad Media,
cuando se reproducían los textos
copiándolos a mano y solo unos
pocos sabían leer, casi todos
los textos estaban en latín.
Había pocos y muchas personas
formadas se los sabían de
memoria.

¿Sabía que...?
San Jerónimo era famoso
por saberse de memoria
la Biblia entera.

LA INVENCIÓN DE LA IMPRENTA

Cuando Gutenberg inventó la
imprenta y los textos literarios
se hicieron muchísimo más
accesibles, ya no había necesidad
de aprenderse de memoria libros
completos. Sabía leer más gente y
los textos surgían también en las
lenguas vivas, las de conversación.
Se desarrollaron las lenguas
nacionales. En Europa la imprenta
es considerada una de las bases de
la conciencia nacional.

¿Sabía que...?

A mediados del siglo XV una copia de la Biblia de Gutenberg costaba la mitad de una casa en Maguncia. Pero Gutenberg no sacaba nada de ello, porque perdió la disputa judicial con su socio. Hoy se conservan 49 copias de este libro y su precio supera los diez millones de euros.

EL TELÉFONO INTELIGENTE

Vivimos en una era de una nueva revolución mediática, pues los teléfonos inteligentes han unido en un aparato casi todas las herramientas de comunicación que la humanidad inventó en el siglo XX.

¿Sabía que...?

El primer teléfono móvil lo presentó en el año 1973 Martin Cooper, el entonces director de Motorola. El teléfono inteligente lo habrían inventado en IBM en el año 1992: este fue el primer teléfono en el que se unían las funciones del teléfono móvil y el ordenador personal (para el envío de correos electrónicos).

Según datos del Instituto de Estadística de la República de Eslovenia, el 96% de los hogares en Eslovenia tenía al menos un teléfono móvil en el año 2018 (esto es un 74% más que en el año 2000) y la red móvil eslovena la usaban casi dos millones y medio de usuarios particulares y de empresa (esto es medio millón más que hace diez años). ¿Y para qué necesitamos este aparato móvil? Los usos se suceden en el siguiente orden:

- — Mensajes SMS (96 %)
- — Cámara (91 %)
- — Reloj (83 %)
- — Despertador (82 %)
- — Internet (77 %)
- — Linterna (72 %)
- — Calendario (71 %)
- — Correo electrónico (69 %)
- — Mapas (60 %)
- — Redes sociales (55 %)
- — Música (52 %)
- — Llamadas por Internet (43 %) y
- — Juegos (27 %)

La investigación abarcaba a los habitantes de Eslovenia entre los 16 y los 74 años de edad y se realizó en el año 2018.

10. LEYENDO LIBROS APRENDEMOS A PENSAR POR NOSOTROS MISMOS

Probablemente la inteligencia artificial nunca pensará, bromeará y sentirá del mismo modo que las personas, puesto que, en última instancia, es solo una herramienta, parecida a una prensa de imprenta o un ordenador; con su ayuda, el ser humano podrá pensar más, mejor y más rápido a como piensa ahora, al igual que podemos pensar más, más rápido y mejor con la ayuda de la escritura, los libros y los ordenadores. La escritura alfabética, los libros, los ordenadores, la red de Internet y, al final, la inteligencia artificial, todos ellos son prótesis para el pensamiento que fortalecen la capacidad de nuestro cerebro, puesto que con ellos podemos acceder a unas cantidades muchísimo más grandes de información y analizarlas que si la única herramienta que tuviéramos a nuestra disposición fuera nuestra cabeza.

Pero estas prótesis solo sustituyen con efectividad nuestras tareas mentales rutinarias y, al menos por ahora, no pueden convertirse en sustituto del pensamiento analítico y creativo. O si soy aún más directo: los trabajadores actuales no cavan túneles más rápido que sus bisabuelos por pasar todo su tiempo libre en el gimnasio y, en consecuencia, alzar el pico y la pala más rápido, sino porque usan excavadoras para cavar. De forma similar, el día de mañana también el médico diagnosticará un tumor en los riñones más rápido y con mayor precisión que su colega de mediados del siglo XX; no porque el médico del mañana sea más inteligente que su predecesor, sino porque con el diagnóstico lo ayudarán algoritmos que analizarán las radiografías con ayuda de varios miles de decenas de radiografías similares, a las cuales los médicos de hace algunas décadas no tenían acceso, y si lo hubieran tenido, habrían pasado meses examinándolas. Aún así, el médico del mañana no solo seguirá necesitando examinar en profundidad los resultados de los análisis que realizarán las máquinas —pues el mismo síntoma puede tener diferentes orígenes, lo que las máquinas (aún) no comprenden—, sino que también valorará mejor que las máquinas cómo influyen en el estado del paciente la anamnesis familiar y el entorno laboral, y, basándose en esto, le aconsejará sobre todo lo que tiene que cambiar en su vida para que el tratamiento sea más efectivo. Al igual que las excavadoras no entienden el sentido ni el propósito de cavar fosos, tampoco los algoritmos entienden el contexto social o personal de los resultados de los análisis de datos, ya se trate del cuerpo humano o de la sociedad humana. Al estilo de las metáforas de las tecnologías modernas, podríamos decir que las personas somos una especie de bioalgoritmos que comprendemos mejor la complejidad de otros bioalgoritmos que los algoritmos artificiales.

¿Y qué tiene que ver esto con la lectura de libros?

Si queremos seguir siendo más inteligentes que los algoritmos, deberemos tener bastantes conocimientos e inteligencia social y emocional almacenada en nuestras cabezas, tengamos o no prótesis de pensamiento de uno u otro tipo.

Esta inteligencia no nos entrará en la cabeza por ciencia infusa. Tal y como hemos demostrado en el cuarto capítulo, podemos pensar mejor sobre las emociones más banales y los enredos de la vida diaria solamente con saber un poquito de psicología y si nos hemos instruido en la empatía e interiorizado la habilidad de mirar el mundo a través de los ojos de diferentes personas con la lectura de trabajos literarios. Algo parecido pasa con los asuntos de las ciencias sociales y naturales. Un viejo y banal saber en los círculos pedagógicos dice que los estudiantes universitarios y de secundaria pueden pensar críticamente sobre la Revolución Francesa solamente cuando hayan interiorizado sus hechos fundamentales. Solo si sabemos dónde y cuándo ocurrió y cuáles fueron sus consecuencias más importantes, podemos dedicarnos a reflexionar sobre si la Revolución francesa fue más productiva, socialmente hablando, que, por ejemplo, la rusa, de ciento treinta años después, o la inglesa, de cien años antes. Y solo cuando conocemos las teorías básicas

La inteligencia no entra en la cabeza por ciencia infusa.

sobre ello, podemos, con la ayuda de las prótesis de pensamiento mencionadas antes, buscar y analizar una bibliografía conveniente que nos ayude a poner en palabras también nosotros mismos alguna reflexión sobre este tema. De forma similar, solamente podemos reflexionar sobre la mecánica cuántica cuando sabemos lo suficiente como para comprender el trasfondo del experimento del gato de Schrödinger y cuando sabemos lo que significa la célebre ecuación de Einstein sobre la equivalencia entre la masa, la velocidad de la luz en el vacío y la energía.

Solo un lector hábil comprende la diferencia entre el imprevisible gato de Schrödinger y el más previsible gato de Kovač.

Podemos darle las vueltas que queramos, pero sin una cantidad apropiada de conocimientos en la cabeza y la capacidad analítica relacionada con ellos todo el conocimiento de la red no nos sirve absolutamente de nada. **Un bobo sigue siendo bobo aunque tenga disponible todo el conocimiento del mundo.**

Por supuesto, alguien me puede soltar rápidamente aquí que la historia de la humanidad demuestra que mucha gente sobrevive perfectamente sin leer literatura y sin una cantidad de conocimientos exagerada. ¿A quién le importan las revoluciones francesa, inglesa y rusa? ¿A quién le interesa el gato de un insignificante físico austríaco ya muerto hace mucho tiempo? ¿Y qué hace la gente sin ambiciones académicas ni científicas con todo este entrenamiento del pensamiento?

La respuesta es más simple de lo que parece y está estrechamente relacionada con lo que deseamos de la vida. Por ejemplo:

* Solo si dominamos los fundamentos del pensamiento político, histórico y sociológico podemos comprender los singulares instintos que impelieron a una parte desfavorecida de la población británica a apoyar el Brexit, por qué a Trump lo apoyaron personas cuya situación económica no mejoró con su elección y por qué todo esto a largo plazo lleva a un mundo que no se siente inclinado por los pequeños estados, lo que muy pronto podría causar problemas también a Eslovenia. Solo con estos fundamentos podemos reflexionar también sobre nuestras preferencias políticas y, al hacerlo, intentar separar la maldad banal humana y la bien sabida envidia eslovena de los problemas e injusticias objetivos.

* Si tenemos a un jefe que está obsesionado con guardar y medir todos los procesos laborales con tablas de Excel, solo con una mezcla de empatía, pensamiento analítico y unos poquitos conocimientos de psicología podemos juzgar si la persona es un controlador obsesivo o si, todo lo contrario, nosotros huimos de saber cómo de (im)productivos somos en nuestro trabajo; y, en base a ello, decidimos si cambiamos nuestro comportamiento o mejor nos piramos a otro trabajo.

- Solo un marido que entienda que su historia personal influye en las relaciones con los suyos se dará cuenta, por ejemplo, de que el desasosiego en la familia ante sus viajes de trabajo es consecuencia de los miedos irracionales que tiene su esposa porque de pequeña la dejaban sola con frecuencia y no una expresión de su gusto por discutir (y con él todo lo contrario, sus reacciones lo enfadan porque tenía una madre que quería controlar cada uno de sus pasos, a causa de lo cual sus viajes por el mundo le dan una sensación de libertad y alivio). Solo con una comprensión así el uno del otro puede una discusión convertirse en una conversación empática, lo que significa que, por decirlo así, la capacidad de pensamiento crítico sobre uno mismo, la empatía con los demás y un vocabulario lo suficientemente amplio y profundo con el cual poner en palabras todo esto son la primera condición para articular nuestros propios miedos y entender los de los nuestros. Son el primer paso para entreabrir la puerta de salida de las discusiones de pareja.

En estas historias personales y sociales de uno u otro tipo mi capacidad de pensamiento pasará por, llamémoslos así, dolorosos test de realidad. Si en las discusiones matrimoniales le abro la puerta a los ataques de ira descontrolada cada vez que algo no me guste, mi matrimonio se desmoronará. Si en el trabajo entiendo cualquier demanda de ser más efectivo en mi labor como *mobbing*, acabaré en la Oficina de Empleo como un parado crónico, y si no escapo de donde me traten como un trapo, tarde o temprano me derrumbaré bajo el desgaste. Y, por último, si no entiendo que vivo en un pequeñito país cuya existencia no es por la gracia de Dios y que, por ello, sus habitantes tienen que tener un afilado sentido para reconocer por dónde sopla el viento de la historia, quizás algún día me despierte sorprendido en una mañana de pesadilla parecida a la de nuestros antepasados el 6 de abril de 1941.

Por supuesto, es posible que las personas que leemos mucho también caigamos en este tipo de errores y suspendamos a lo grande los test de realidad.

Pero si con el entrenamiento de la lectura desarrollo y consolido la empatía y si tengo un vocabulario lo suficientemente profundo y amplio con el que sea posible pensar analíticamente y mantener la perspectiva sobre mis propias reacciones y emociones, la posibilidad de suspender una y otra vez los test de realidad será más pequeña que si mis habilidades para pensar están limitadas por un vocabulario escaso y superficial, con lo que entendería el pensamiento crítico, sobre todo, como el derecho a quejarse de un mundo que no gira como yo me había imaginado.

La lectura es un refugio del que volvemos al mundo más fuertes.

En consecuencia, mi vida en línea no será más que un reflejo de lo que hay en mi cabeza. Si sé pensar de un modo analítico y soy empático, Internet me puede ayudar de manera importante a buscar las más variadas soluciones.

> Si no sé pensar, Internet será un simple amplificador de mi estupidez.

Así, es en estos efectos secundarios donde se esconde la principal ventaja de la lectura como entrenamiento del pensamiento y la empatía, y, como ya hemos demostrado en el capítulo sobre la concentración, no parece que, al menos por ahora, estemos cerca del descubrimiento de un medio con el que desarrollar mejor la empatía, la concentración, el pensamiento y el vocabulario que con la lectura de libros.

Para ser aún más directo: el sentido de la lectura no está (solo) en absorber una cantidad apropiada de datos y/o historias, sino (sobre todo) en sus efectos secundarios o colaterales positivos, en practicar y consolidar con la lectura las habilidades que nos protegen de suspender en repetidas ocasiones los test de realidad y de que Internet se convierta en un amplificador de nuestra estupidez. En saber pensar por ti mismo, como se solía decir antes.

Nuestra era no siente inclinación por estas constataciones: en ella reinan los medios de pantalla y, con ellos, unos bufones que dan forma a sus mensajes de tal modo que realmente son suficientes solo unos segundos de atención para ellos, ya se trate de moda, conceptos políticos o conocimientos así como así. Desde este punto de vista, la lectura de libros es navegar a contracorriente de los medios y un esfuerzo que introduce en los reflejos y las emociones la capacidad de empatía y pensamiento analítico.

Por ello, la costumbre de leer libros es uno de los indicadores del estado de forma intelectual y emocional de una sociedad determinada. Para concluir, me arriesgaré con la tesis de que el descenso del número de lectores será, al menos durante algún tiempo más, uno de los indicadores de la futura inestabilidad social y cultural.

Pero, a pesar de ello, soy optimista; este mundo es demasiado complejo para que lo gobiernen solo máquinas y seres humanos impulsivos e inconscientes que actúen por reflejos. Resulta que la verdad tiene la mala cualidad de esperarnos siempre a la vuelta de la esquina con la escopeta cargada. Por ello, o nuestro mundo de la posterrealidad se derrumbará o volverá la era de los que no solo saben tuitear, darle al me gusta y trolear, sino también pensar de vez en cuando.

Resistamos.

¿Sabía que...?

De manera similar a como las personas nos hemos vuelto más eficientes en el trabajo físico gracias al invento de las máquinas, también somos más efectivos en el trabajo intelectual por las máquinas. Pero con esto último las máquinas no nos ayudan precisamente mucho si no sabemos pensar por nosotros mismos, y solo sabemos pensar por nosotros mismos si tenemos un vocabulario lo suficientemente amplio y profundo y si dominamos el pensamiento analítico. Todo esto solo podemos adquirirlo leyendo libros de lo más diverso, con los que todo el tiempo ampliamos y profundizamos en nuestro vocabulario y afilamos la capacidad de pensar. Por ello, el futuro será con libros o no será.

AGRADECIMIENTOS

Como pasa habitualmente con los libros, también este surgió porque alrededor de su autor se desarrollaron unas circunstancias que clamaban su aparición.

Los últimos cinco años he tenido la suerte de colaborar en el marco de la red E-READ COST con 180 científicos de Europa, Estados Unidos e Israel especializados en la investigación de los cambios que provocan las tecnologías de pantallas en los hábitos de lectura y la comprensión de lo leído. La red la dirigían dos excepcionales e inspiradores científicos, Anna Mangen y Adriaan van der Weel, quienes, en un momento de debilidad, me propusieron encargarme de comunicar al público en general los hallazgos conjuntos. En consecuencia, durante cinco años he tenido la oportunidad de advertir lo poco duchos que son (somos) los científicos a la hora de explicar nuestros hallazgos en una lengua comprensible para los no expertos y, por otro lado, lo difícil que es para la opinión pública y los políticos que toman las decisiones aceptar descubrimientos que no son acordes a sus ideas preconcebidas del mundo. En la red tuvimos la suerte de que nos tomara en serio el reputado *Frankfurter Allgemeine Zeitung*; a su director, Anna y Adriaan se deben los primeros intentos de poner en una lengua más divulgativa los descubrimientos que bullían en esta red.

Mojca Šebart y yo llevamos dándole vueltas al papel de la lectura y el aprendizaje en el sistema educativo ya desde el primer *Libro blanco de la educación*, y, junto a otros dos colegas de la Facultad de Filosofía y Letras, Jasna Mažgon y Tadej Vidmar, trasvasamos por primera vez estas preguntas a una investigación de los hábitos de lectura de los futuros profesores y profesoras y bibliotecarios y bibliotecarias. Si ya antes me parecía que aquí teníamos un problema, gracias a la colaboración con los mencionados colegas ahora sé que (por lo que respecta a la introducción de los niños a la lectura dando ejemplo), en el caso de los profesores y profesoras, en casa del herrero hay un cuchillo que es bastante de palo, al menos por un lado. Una vez estuvo terminada la primera versión del texto, lo leyó de manera crítica Alenka Kepic Mohar, directora del departamento de educación de la editorial Mladinska Knjiga. Las conversaciones sobre cómo equilibrar los materiales educativos impresos y digitales que llevamos teniendo ya casi diez años han contribuido de manera importante al contenido de este libro. Renata Zamida, Andrej Ilc, Ana Vogrinčič Čepič y Andrej Blatnik leyeron el texto en diferentes fases de su redacción y Aljoša Harlamov lo revisó con un ojo atento y un sentido afilado y corrigió exactamente lo que había que corregir. Al final, el texto lo leyó también Igor Saksida, colega de la Facultad de Educación. Para los seis mi gratitud de que haya algunos lapsus e inconsistencias menos.

El libro adquirió su forma final bajo el afilado ojo de editora de Urška Kaloper; gracias a ella el texto es más fluido y vivo de lo que lo era en su primera versión y, al mismo tiempo, en su cabeza comenzaron a surgir ideas de cómo visualizar el texto de una forma agradable para los lectores y lectoras. Sus ideas las complementó la diseñadora gráfica Petra Jerič Škrbec, convirtiéndolas en el producto que tiene entre sus manos. ¡Es genial que en Eslovenia aún trabajen verdaderos profesionales de la edición! Gracias también a Tina Popovič, Gaja Naja Rojec y Nina Krožar por el acceso a las fotografías de las "bibliotecas bajo las copas de los árboles" y las "pequeñas bibliotecas libres" y a la Biblioteca Municipal de Liubliana por la ayuda o, mejor dicho, la inspiración a la hora de buscar el título de este libro.

Y finalmente, aunque no en último lugar, tengo la suerte en la vida de que vivo en un entorno familiar complejo que me ayudó a dar forma al texto y al libro de manera importante con sus reacciones y sus críticas. Algunos no desean ser mencionados. Irena, mi pareja (por otra parte, autora de libros con un éxito de ventas incomparable al de los míos), lleva ya más de una década pinchándome y animándome a que intente poner las cosas a las que me dedico también en un esloveno coloquial, puesto que atañen enormemente a nuestras vidas diarias. Es que la competencia lectora es una cosa demasiado seria para que solo hablen de ella los expertos entre sí. A veces era difícil afrontar sus críticas, pero ¿qué le vamos a hacer si casi siempre tenía razón?

En cualquier caso, como pasa normalmente con los libros, la responsabilidad de todos los errores en él recae sobre el autor. Si le gusta el libro, estimado lector o lectora, este le estará agradecido si le da unas palmaditas amables en la espalda cuando se encuentre con él. Si el libro no le gusta, dígaselo y no se guarde la ira dentro. No es bueno para la salud. Pero, sea como sea, ¡siga leyendo libros!

FUENTES

El libro que tiene entre sus manos no es un texto científico; su objetivo primordial es explicar en un lenguaje divulgativo por qué es importante leer libros, qué obtenemos de ello y qué perdemos si renunciamos a la lectura. El texto no ha surgido (solo) en base a experiencias propias, todas sus tesis centrales y lo que resalta provienen de los resultados de investigaciones científicas; exagerando un poquito, podemos decir que el autor se ha puesto en el ingrato papel de traductor de los estudios editoriales y de lectura de la jerigonza científica a un lenguaje coloquial humano, por lo cual las simplificaciones son inevitables en este libro.

Para aquellos a los que les interesa con mayor detalle esta temática y les agrada leer artículos científicos mencionamos algunas fuentes de investigaciones sobre la lectura, las formas de leer, estadísticas de los libros y editoriales y sobre la historia de la lectura.

**Textos sobre la lectura
en un entorno digital:**

Baron, N. S. (2015) *Words Onscreen: The Fate of Reading in a Digital World.* Oxford: Oxford University Press.

Baron, N. S., Calixte, R. M. & Havewala, M. (2017) "The persistence of print among university students: An exploratory study". *Telematics and Informatics* 34(5), 590-604.

Bennett, S., Maton, K. & Kervin, L. (2008) "The 'digital natives' debate: A critical review of the evidence". *British Journal of Educational Technology* 39(5), 775-786. doi:10.1111/j.1467-8535.2007.00793.x

Barzillai, M., Thomson, J. & Mangen, A. (2018) "The impact of e-books on language and literacy". En A. Holliman & K. Sheehy (eds.) *Education and New Technologies: Perils and Promises for Learners.* Londres: Routledge/Taylor and Francis.

Bus, A.G., Takacs, Z.K. & Kegel, C.A. (2015) "Affordances and limitations of electronic storybooks for young children's emergent literacy". *Developmental Review* 35, 79-97.

Carr, N. (2010) The Shallows: *What the Internet is Doing to Our Brains.* Nueva York: WW Norton & Co.

Clinton, V. (2019) "Reading from paper compared to screens: A systematic review and meta-analysis". *Journal of Research in Reading* 42(2), 288-325.

Delgado, P., Vargas, C., Ackerman, R. & Salmerón, L. (2018) "Don't throw away your printed books: A meta-analysis on the effects of reading media on comprehension". *Educational Research Review* 25, 23-38.

Feldstein, A.P. & Maruri, M.M. (2013) "Understanding Slow Growth in the Adoption of E-Textbooks". *International Research on Education* 1(1), 177-193.

Genlott, A. A. & Grönlund, A. (2013) "Improving literacy skills through learning reading by writing: The iWTR method presented and tested". *Computers & Education* 67, 98-104.

Helsper, E. J. & Eynon, R. (2010) "Digital natives: where is the evidence?". *British Educational Research Journal* 36(3), 503-520.

James, K. H. & Gauthier, I. (2006) "Letter processing automatically recruits a sensory-motor brain network". *Neuropsychologia* 44, 2937-2949.

Kurata, K., Ishita, E., Miyata, Y. & Minami, Y. (2017) "Print or digital? Reading behavior and preferences in Japan". *Journal of the Association for Information Science and Technology* 68(4), 884-894. doi: 10.1002/asi.23712

Liu, Z. (2005) "Reading behavior in the digital environment: changes in reading behavior over the past 10 years". *Journal of Documentation* 61(6), 700-712.

Mangen, A. (2013) "'... scripta manent'? The disappearing trace and the abstraction of inscription in digital writing". En K. E. Pytash & R. E. Ferdig (eds.) *Exploring technology for writing and writing instruction*, 100-114. Hershey, PA: IGI Global.

Mangen, A. (2016) "What hands may tell us about reading and writing". *Educational Theory* 66(4), 457-477. doi:10.1111/edth.12183

Mangen, A. & Balsvik, L. (2016) "Pen or keyboard in beginning writing instruction? Some perspectives from embodied cognition". *Trends in Neuroscience and Education* 5(3), 99-106. doi:http://dx.doi.org/10.1016/j.tine.2016.06.003

Mangen, A. & Schilhab,T. (2012). "An embodied view of reading: Theoretical considerations, empirical findings, and educational implications". En Matre, S. & Skaftun, A. (eds.) *Skriv! Les!*, 285-300. Bergen: Akademika.

Mangen et al. (2013) "Reading Linear Texts on Paper Versus Computer Screen: Effects on reading comprehension". *International Journal on Education Research* 58, 61-68.

McNeish, J., Foster, M., Francescucci, A. & West, B., (2012) "Why students won't give up paper textbooks". *Journal for Advancement of Marketing Education* 20(3), 37-48.

Merchant, Z., Goetz, E.T., Cifuentes, L., Keeney-Kennicutt, W. & Davis, T.J. (2014) "Effectiveness of virtual reality-based instruction on students' learning. Outcomes in K-12 and higher education: A meta-analysis". *Computers & Education* 70, 29–40.

Mizrachi, D. (2015) "Undergraduates' academic reading format preferences and behaviors". *The Journal of Academic Librarianship* 41(3), 301-311. doi: 10.1016/j.acalib.2015.03.009

OECD (2011) "Do students today read for pleasure?". PISA in Focus 8. Disponible en: https://www.oecd.org/pisa/pisaproducts/pisainfocus/48624701.pdf

OECD (2015) *Students, Computers and Learning: Making the Connection*. París: PISA OECD Publishing. doi.org/10.1797/9789264239555-en

Pfost, M., Dörfler, T. & Artelt, C. (2013) "Students' extracurricular reading behaviour and the development of vocabulary and reading comprehension". *Learning and Individual Differences* 26, 89-102. doi:10.1016/j.lindif.2013.04.008

Prensky, M. R. (2010) *Teaching digital natives: Partnering for real learning*. Thousand Oaks: Corwin Press.

Radesky, J. S., Schumacher, J. & Zuckerman, B. (2015) "Mobile and interactive media use by young children: the good, the bad, and the unknown"". *Pediatrics* 135(1), 1-3.

Singer, L. M. & Alexander, P.A. (2017) "Reading on paper and Digitally: What the Past Decades of Empirical Research Reveal".

Review of Educational Research 20(10), 1-35. DOI: 10.3102/0034654317722961.

Sorrentino, P., Salgaro M., Lauer, G., Sylvester, T., Lüdtke, J. & Jacobs, A. (en prensa) "Reading Literature on Paper: is it just Stuff for old Farts? Questioning the Dichotomy Digital Natives vs. Digital Immigrants".

Tenopir, C., King, D.W., Christian, L. & Volentine R., (2015) "Scholarly article seeking, reading, and use: A continuing evolution from print to electronic in the sciences and social sciences". *Learned Publishing* 28(2), 93–105.

Twenge, J. M., Martin, G. N. & Spitzberg, B. H. (2019) "Trends in U.S. Adolescents'Media Use, 1976–2016: The Rise of Digital Media, the Decline of TV, and the (Near) Demise of Print". *Psychology of Popular Media Culture* 8(4), 329-345. http://dx.doi.org/10.1037/ppm0000203

Van der Weel, A. (2011) *Changing Our Textual Minds: Towards a Digital Order of Knowledge*. Manchester: Manchester University Press.

Van der Weel, A. (2015) "Reading the Scholarly Monograph". TXT 75-81.

Investigaciones sobre los hábitos de lectura:

Frequency of Reading Books. Global GFK Survey. Disponible en: https://www.gfk.com/fileadmin/user_upload/country_one_pager/NL/documents/Global-GfK-survey_Frequency-reading-books_2017.pdf

Encuestas de Gallup. Disponibles en: http://news.gallup.com/poll/16582/about-half-americans-reading-book.aspx). Accedido 21 de abril de 2018.

Leserundersokelsen 2018. Lesing, kjop og handelskanaler. Disponible en: https://forleggerforeningen.no/wp-content/uploads/2018/04/Leserunders%-C3%B8kelsen-2018-komplett-rapport.pdf

Southerton D., Olsen W., Warde, A. & Cheng, S. (2012) "Practices and Trajectories: A comparative analysis of reading in France, Norway, The Netherlands, the UK and the USA". *Journal of Consumer Culture* 12(3), 237–262.

Stichting Lezen (2016) *Leesmonitor.* Disponible en: https://www.leesmonitor.nu/nl/leestijd

Wennekers, A., Huysmans, F. & de Haan, J. (2018) *LeesTijd: Lezen in Nederland.* La Haya: SCP.

Textos sobre la (in)capacidad de pensamiento:

Alvesson, M. (2014) *The Triumph of Emptiness: Consumption, Higher Education, & Work Organization.* Oxford: Oxford University Press.

Alvesson, M. & Spicer, A. (2016) *The Stupidity Paradox: The Power and Pitfalls of Functional Stupidity at Work.* Londres: Profile Books.

Textos sobre el significado y el desarrollo de la lectura:

Kovač, M. & van der Weel, A. (2018) Reading in a post-textual era. *First Monday* 23(10). Disponible en: http://firstmonday.org/ojs/index.php/fm/article/view/9416/7592. doi.org/10.5210/fm.v23i10.9416

Littau, K. (2006) *Theories of Reading.* Londres: Polity Press.

Peti-Stantić, A. (2019) *Čitanjem do (spo)razumijevanja.* Zagreb: Naklada Ljevak.

Sadoski, M., Goetz, E. T., Olivarez, A. Jr., Lee, S. & Roberts, N. M. (1990). "Imagination in story reading: The role of imagery, verbal recall, story analysis, and processing levels". *Journal of Reading Behavior* 22(1), 55-70.

Willingham, D.T. (2017) The Reading Mind: *A Cognitive Approach to Understanding How the Mind Reads.* Nueva York: John Wiley and Sons.

Wolf, M. & Barzillai, M. (2009) "The importance of deep reading". En Scherer, M. (ed.) Challenging the Whole Child: Reflections on Best Practices in Learning, Teaching, and Leadership, 130-140. Virginia: ASCD.

Wolf, M. (2007) *Proust and the Squid: The Story and Science of the Reading Brain*. Nueva York: Harper Collins.

Wolf, M. (2018) *Reader come home. The Reading Brain in a Digital World*. Nueva York: Harper Collins.

Textos sobre la historia de la lectura:

Manguel, A. (1996) *A History of Reading*. Londres: HarperCollins.

Cavalho, G. & Chartier, R. (1999) *A History of Reading in the West*. Cambridge: Polity Books.

Chartier, R. (1994) *The Order of Books. Readers, Authors and Libraries in Europe Between Fourteenth and Eighteenth Centuries*. Palo Alto: Stanford University Press.

Escarpit, R. (1966) *The Book Revolution*. Londres: George C. Harrap.

Fischer, S. R. (2004) *A History of Reading*. Londres: Reaktion Books.

Towheed, S., Crone, R. & Halsey, K. (eds.) (2011) *The History of Reading*. Londres: Routledge.

Textos sobre el significado de la lectura en la infancia y en el entorno familiar:

Baker, L., Mackler, K., Sonnenschein, S. & Serpell, R. (2001) "Parents' interactions with their first-grade children during storybook reading and relations with subsequent home reading activity and reading achievement". *Journal of School Psychology* 39, 415-438.

Cunningham, A. E. & Stanovich, K. E. (1997) "Early reading acquisition and its relation to reading experience and ability 10 years later". *Developmental psychology* 33(6), 934-945.

Evans, M. D. R., Kelley, J., Sikora, J. & Treiman, D. J. (2010) "Family scholarly culture and educational success: Books and schooling in 27 nations". *Research in Social Stratification and Mobility* 28, 171-197.

Hood, M., Conlon, E. & Andrews, G. (2008) "Preschool home literacy practices and children's literacy development: A longitudinal analysis". *Journal of Educational Psychology* 100, 252-271.

Krcmar, M. & Cingel, D.P. (2014) "Parent–child joint reading in traditional and electronic formats". *Media Psychology* 17, 262-281.

Lonigan, C. J. & Whitehurst, G. J. (1998) "Relative efficacy of parent and teacher involvement in a shared-reading intervention for preschool children from low-income backgrounds". *Early Childhood Research Quarterly* 13, 263-290.

Mol, S. E. & Bus, A. G. (2011) "To read or not to read: A meta-analysis of printexposure from infancy to early adulthood". *Psychological Bulletin* 137, 267-296.

Sikora, J., Evans, M. D. R., Kelley, J. (2019) "Scholarly culture: How books in adolescence enhance adult literacy, numeracy and technology skills in 31 societies". *Social Science Research* 77, 1-15.

Textos sobre el mercado editorial mundial:

Greco, A. N., Rodríguez, C. E. & Wharton, R.M. (2007) *The Culture and Commerce of Publishing in the Twenty-first Century*. Stanford, CA: Stanford University Press.

Hacket, A. P. & Burke, J. H. (1977) *80 Years of Bestsellers*. Nueva York: R. R. Bowker Company.

Kovač, M. (2015) "Bookes Be Not Set by, There Times is Past, I Gesse". *Logos* 26(4), 7-21.

Kovač, M. & Wischenbart, R. (2018) "Globalization of Book Markets". En Phillips, A. & Bhaskar, M. (eds.) The Oxford Handbook of Publishing. Oxford: Oxford University Press.

Datos sobre el tiempo necesario para leer diferentes obras literarias:
https://contently.net/2014/10/15/voices/
humor/infographic-long-take-read-fa-
mous-works-literature/

Datos sobre la formación de los directores de empresa:
https://resume.io/college-degree-of-top-ceos
https://theconversation.com/the-few-huma-
nities-majors-who-dominate-in-the-busi-
ness-world-100999)
https://www.humanitiesindicators.org/con-
tent/indicatordoc.aspx?i=63#en_-1_7

La atención y las pantallas:
https://www.bbc.com/news/health-38896790
https://hbr.org/2011/02/take-back-your-atten-
tion.html

Estudios sobre innovación y felicidad:
https://www.globalinnovationindex.org/gii-
2019-report
https://worldhappiness.report/

Estudio sobre la atención humana y la de un pez dorado:
https://www.prc.za.com/2016/11/18/atten-
tion-spans-report-microsoft-2015/

Y algunos libros sobre el tema de los hábitos de lectura y la edición de libros:

Atwood, B., *Cómo desarrollar la lectura crítica*, Barcelona, Ed. CEAC, 1984.

Ariño Villarroya, Antonio, *Prácticas culturales en España: desde los años sesenta hasta la actualidad*, Barcelona, Ariel, 2010.

Ariño Villarroya, Antonio, Ramón Llopis Goig. *Culturas en tránsito: las prácticas culturales en España en el comienzo del siglo XXI*, Madrid, Fundación SGAE, 2017.

Cervera, Juan, *La literatura infantil en la Educación Básica*, Madrid, Cincel-Kapelusz, 1988.

Chartier, Roger, *Las revoluciones de la cultura escrita*, Barcelona, Gedisa, 2018.

Colomer, Teresa y A. Camps, *Enseñar a leer, enseñar a comprender*, Madrid, Celeste, 1996.

Gullón, Germán, *El sexto sentido: la lectura en la era digital*, Vigo, Academia del Hispanismo, 2010.

Lomas, Carmen, *Cómo hacer hijos lectores*, Madrid, Palabras, S.L., 2002.

López Molina, Juan Pablo Pérez Muyor, *Lectura y hábito lector*, Granada, Editorial Universitaria, 2003.

Millán, José Antonio, *La lectura y la sociedad del conocimiento*, Pamplona, Departamento de Educación, 2008.

Mora Fandos, José Manuel, *Leer o no leer: sobre identidad en la sociedad de la información*, Madrid, Biblioteca Nueva, 2010.

Patte, Geneviève, *Déjenlos leer. Los niños y las bibliotecas*, México, Fondo de Cultura Económica, 2008.

Pennac, Daniel, *Como una novela*, Joaquín Jordá (trad.), Barcelona, Anagrama, 1993.

Pérez González, Raúl, *La lectura como pilar educativo: animación a la lectura y hábito lector*, Granada, Gesine, 2011.

Rubio Aróstegui, Juan Arturo, y otros. *El modelo español de financiación de las artes y la cultura en el contexto europeo: crisis económica, cambio institucional, gobernanza y valor público de la cultura y la política cultural.* Madrid, Fundación Alternativas, 2014.

Villanueva, Darío. *Lectura y nativos digitales*, Santander, Real Sociedad Menéndez Pelayo, 2011.

Título original: *Berem, da se Poberem*
© 2020, Mladinska knjiga Zalozba, d.d., Ljubljana
© 2022, Coeditado por Dalia Ediciones y Redbook Ediciones
Compaginación: Toni Inglès
Fotografías: Shutterstock

Este libro ha sido publicado
con la ayuda de la
Slovenian Book Agency.

ISBN: 978-84-9917-660-4
Depósito legal: B-1305-2022

Impreso por Sagrafic,
Passatge Carsi 6, 08025 Barcelona

Impreso en España - *Printed in Spain*

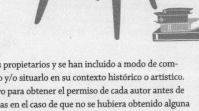

10 RAZONES PAR.

en la era digital

1. SI SABES LEER,
VES Y OYES MÁS COSAS.

2. SI LEES, CONOCES MÁS PALABRAS
Y PUEDES PENSAR SOBRE MÁS
COSAS.

3. SI LEES TEXTOS EXTENSOS EN
PAPEL, LOS ENTIENDES MEJOR QUE
SI LOS LEYERAS EN PANTALLA.

4. SI UTILIZAS TECNOLOGÍAS
DE PANTALLA Y LEES LIBROS,
APRENDES A PENSAR DE DOS
MODOS DIFERENTES.

5. SI LEES LITERATURA,
ENTIENDES MEJOR
A LOS DEMÁS.